Kunst- und Kulturm

Herausgegeben von
A. Hausmann, Frankfurt (Oder), Deutscl

Ziel der Reihe „Kunst- und Kulturmanagement" ist es, Studierende, Wissenschaftler, Kunst- und Kulturmanager sowie sonstige Interessierte in komprimierter Weise in das Fachgebiet einzuführen und mit den wesentlichen Teilgebieten vertraut zu machen. Durch eine abwechslungsreiche didaktische Aufbereitung und die Konzentration auf die wesentlichen Methoden und Zusammenhänge soll dem Leser ein fundierter Überblick gegeben sowie eine rasche Informationsaufnahme und -verarbeitung ermöglicht werden. Die Themen der einzelnen Bände sind dabei so gewählt, dass sie den gesamten Wissensbereich des modernen Kunst- und Kulturmanagement abbilden. Für die Studierenden muss eine solche Reihe abgestimmt sein auf die Anforderungen der neuen Bachelor- und Masterstudiengänge. Die (auch prüfungs-)relevanten Teilgebiete des Fachs „Kunst- und Kulturmanagement" sollen daher abgedeckt und in einer komprimierten, systematisch aufbereiteten und leicht nachvollziehbaren Form dargeboten werden. Für bereits im Berufsleben stehende Kunst- und Kulturmanager sowie sonstige Interessierte muss die Reihe den Anforderungen gerecht werden, die eine arbeits- und zeitintensive Berufstätigkeit mit sich bringt: Kurze und prägnante Darstellung der wichtigsten Themen bei Sicherstellung aktueller Bezüge und eines qualitativ hochwertigen Standards. Es ist unbedingter Anspruch der jeweiligen Autorenbücher, diesen Interessenslagen gerecht zu werden. Dabei soll neben einer sorgfältigen theoretischen Fundierung immer auch ein hoher Praxisbezug gewährleistet werden.

Herausgegeben von
Andrea Hausmann
Europa-Universität Viadrina
Frankfurt (Oder),
Deutschland

Bernd Günter • Andrea Hausmann

Kulturmarketing

2., überarbeitete und erweiterte Auflage

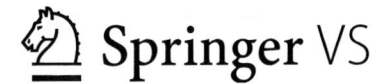

Springer VS

Bernd Günter
Düsseldorf, Deutschland

Andrea Hausmann
Frankfurt (Oder), Deutschland

ISBN 978-3-531-18627-6
DOI 10.1007/978-3-531-19150-8

ISBN 978-3-531-19150-8 (eBook)

Die Deutsche Nationalbibliothek verzeichnet diese Publikation in der Deutschen Nationalbibliografie; detaillierte bibliografische Daten sind im Internet über http://dnb.d-nb.de abrufbar.

Springer VS
© Springer Fachmedien Wiesbaden 2009, 2012
Das Werk einschließlich aller seiner Teile ist urheberrechtlich geschützt. Jede Verwertung, die nicht ausdrücklich vom Urheberrechtsgesetz zugelassen ist, bedarf der vorherigen Zustimmung des Verlags. Das gilt insbesondere für Vervielfältigungen, Bearbeitungen, Übersetzungen, Mikroverfilmungen und die Einspeicherung und Verarbeitung in elektronischen Systemen.

Die Wiedergabe von Gebrauchsnamen, Handelsnamen, Warenbezeichnungen usw. in diesem Werk berechtigt auch ohne besondere Kennzeichnung nicht zu der Annahme, dass solche Namen im Sinne der Warenzeichen- und Markenschutz-Gesetzgebung als frei zu betrachten wären und daher von jedermann benutzt werden dürften.

Einbandabbildung: Lorenz Pöllmann

Gedruckt auf säurefreiem und chlorfrei gebleichtem Papier

Springer VS ist eine Marke von Springer DE. Springer DE ist Teil der Fachverlagsgruppe Springer Science+Business Media
www.springer-vs.de

Vorwort zur 2. Auflage

Aufgrund der großen Resonanz, auf die die erste Auflage dieses Werks bei Studierenden, Dozenten und Praktikern gestoßen ist, freuen sich die Autoren, nunmehr die zweite Auflage vorlegen zu können. Während am bewährten Aufbau des Buchs und der komprimierten Darstellung der im Kulturmarketing wichtigsten Inhalte festgehalten wurde, war es gleichzeitig Anspruch der Autoren, der Dynamik im Themengebiet Rechnung zu tragen und neueste Erkenntnisse aus Forschung und Praxis einzubeziehen. Die Veränderungen im Rahmen der zweiten Auflage umfassen im Einzelnen:

- *Vollständige Überarbeitung*: Alle Kapitel wurden nicht nur inhaltlich, sondern auch formal vollständig überarbeitet, so dass die Lesefreundlichkeit weiter erhöht werden konnte.
- *Aktualisierung*: Alle Kapitel wurden auf ihren Aktualisierungsbedarf überprüft. Vor allem im Bereich der Praxisbeispiele wurden bestehende Fälle überarbeitet und neue aus unterschiedlichen Sparten von Kunst und Kultur eingearbeitet.
- *Erweiterung*: Zur Berücksichtigung aktueller Entwicklungen wurde das Buch inhaltlich erweitert. Besonderes Augenmerk wurde dabei auf Social Media gelegt, deren Bedeutung für das Kulturmarketing seit der ersten Auflage erheblich gestiegen ist; diesem Thema wurde daher ein eigenes Kapitel gewidmet.

Die Autoren hoffen, dass die Leser von diesen Veränderungen profitieren und daher auch die zweite Auflage entsprechenden Zuspruch finden wird – für eine dritte Auflage zu gegebener Zeit stehen sie jedenfalls gerne bereit. Abschließend möchten sie dem Springer VS Verlag für die gute Zusammenarbeit danken, insbesondere Frau Dr. Cori Mackrodt, die den gesamten Prozess gewohnt engagiert begleitet hat.

Frankfurt (Oder) und Düsseldorf, im Juni 2012

Prof. Dr. Bernd Günter
Prof. Dr. Andrea Hausmann

Vorwort zur 1. Auflage

Ziel des vorliegenden Buches – wie auch der gesamten Reihe „Kunst- und Kulturmanagement" – ist es, Studierende, Wissenschaftler, Kunst- und Kulturmanager sowie sonstige Interessierte in komprimierter Weise in das Thema einzuführen. Durch eine abwechslungsreiche didaktische Aufbereitung und die Konzentration auf die wesentlichen Methoden, Instrumente und Zusammenhänge, soll dem Leser eine fundierte Einführung in das Kulturmarketing gegeben werden.

Neben einer prägnanten theoretischen Aufbereitung der einzelnen Themenfelder finden sich Fallbeispiele aus unterschiedlichen Praxisfeldern des Kulturbereichs, die bestimmte Aspekte zusätzlich veranschaulichen. Der Schwerpunkt liegt dabei auf Kulturbetrieben der öffentlichen Hand, die meisten Aussagen sind allerdings auch für Akteure im privaten Kultursektor adaptierbar.

Naturgemäß unterliegt eine solche komprimierte Darstellung in inhaltlicher Hinsicht gewissen Restriktionen. So können und sollen bestimmte Konzepte des Kulturmarketing (z.B. Yield Management in der Preispolitik, Wirkungsmodelle der Kommunikation) nur angerissen werden; der an weiterführenden Informationen interessierte Leser wird in solchen Fällen auf die einschlägige Literatur verwiesen. Auch auf eine vertiefende Darstellung bestimmter Spezialfragen einzelner Kultursparten (z.B. Distributionspolitik im Kunstmarkt) ist verzichtet worden, um das Gesamtkonzept dieses Buches im Sinne eines stringenten Aufbaus sichern zu können.

Die Autoren danken dem VS Verlag für Sozialwissenschaften, insbesondere dem Cheflektor Frank Engelhardt, für die gute Zusammenarbeit und wünschen den Lesern viel Vergnügen und Erkenntnisgewinn bei der Lektüre!

Bernd Günter

Professor für BWL, insbes. Marketing
Heinrich-Heine-Universität
Universitätsstraße 1
40225 Düsseldorf
marketing@uni-duesseldorf.de

Andrea Hausmann

Professorin für Kulturmanagement
Europa-Universität Viadrina
Große Scharrnstraße 59
15230 Frankfurt (Oder)
kuma@euv-frankfurt-o.de

Inhaltsverzeichnis

1	**Kulturmarketing – Das Grundverständnis**	9
	1.1 Einführung	9
	1.2 Wettbewerbsvorteile und Besucherorientierung	12
	1.3 Bausteine einer Marketingkonzeption	17
2	**Informationsentscheidungen im Kulturmarketing**	21
3	**Ziele im Kulturmarketing**	27
4	**Positionierungsentscheidungen im Kulturmarketing**	33
5	**Strategien im Kulturmarketing**	37
	5.1 Grundsätzliche Strategieentscheidungen	37
	5.2 Marktsegmentierung	40
	5.3 Branding – Kulturanbieter als Marke	44
	5.4 Besucherbindung	46
	5.5 Kooperationen	49
6	**Instrumente im Kulturmarketing**	53
	6.1 Leistungspolitik	53
	6.1.1 Kern- und Zusatzleistungen	53
	6.1.2 Entscheidungsfelder der Leistungspolitik	55
	6.2 Preispolitik	58
	6.2.1 Grundlagen preispolitischer Entscheidungen	58
	6.2.2 Preispolitische Strategien	64
	6.3 Distributionspolitik	69
	6.4 Kommunikationspolitik	71
	6.4.1 Ziele und Entscheidungstatbestände	71
	6.4.2 Traditionelle Maßnahmen der Kommunikationspolitik	76
	6.4.3 Neuere Maßnahmen der Kommunikationspolitik	81
	6.4.4 Mundwerbung – Empfehlungen von Besuchern	85
	6.5 Wirkungszusammenhänge im Marketingmix	88

7	Social Media im Kulturmarketing	91
7.1	Entwicklung, Funktionsweise und Definition	91
7.2	Social Media-Anwendungen	93
7.3	Nutzungspotenziale von Social Media	97
7.4	Weitere Einsatzfelder im Kontext von Kulturmarketing	100
7.5	Voraussetzungen, Grenzen und Risiken	101

8	Beschaffungsmarketing im Kulturbereich	107
8.1	Sponsoring	107
8.2	Fundraising	111

9	Implementierung des Kulturmarketing	115
9.1	Organisation und Koordination	115
9.2	Der Faktor „Mitarbeiter"	118
9.2.1	Promotorenmodell	118
9.2.2	Internes Marketing	121

10	Controlling im Kulturmarketing	129
10.1	Grundlegende Ziele und Aufgaben	129
10.2	Produktlebenszyklusanalyse	130
10.3	Portfolioanalyse	132
10.4	Break-Even-Analyse	135
10.5	Kennzahlen und Kennzahlensysteme	137
10.6	Werbewirkungs- und Sponsoringerfolgskontrolle	139

11	Kulturmarketing – Herausforderungen der Zukunft	143
	Literaturverzeichnis	149

1 Kulturmarketing – Das Grundverständnis

1.1 Einführung

Im Zuge des Ausbaus, der Umstrukturierung und der Professionalisierung des Kultursektors hat die Forderung nach (mehr) Marketing Raum gewonnen. Die erfolgreiche Umsetzung dieser Forderung setzt allerdings voraus, dass ein Konsens über das (richtige) Verständnis von modernem Marketing existiert und damit eine geeignete Basis dafür vorliegt, dass Kunst und Kultur durch entsprechende Aktivitäten gefördert und nicht etwa behindert werden. Grundsätzlich stellt die Betriebswirtschaftslehre Organisationen aus allen Wirtschaftsbereichen – und damit auch Kunst- und Kulturbetrieben – Konzeptionen zur Verfügung, die für mehr Effektivität (Zielerreichung) und mehr Effizienz (ökonomischer Mitteleinsatz) sorgen sollen. Neben Organisations-, Personal-, Controlling- und anderen Planungsansätzen gehören dazu auch Konzeptionen für das Auftreten auf Märkten – also Marketing in einem recht breiten Verständnis. Denn anders, als mancher Kulturverantwortliche gelegentlich unterstellt, geht es beim Marketing nicht (ausschließlich) darum, „to give the market what it wants". Nach dieser Auffassung würde Kulturnutzern (nur) das angeboten, was diese (ohnehin) erwarten. Eine solche Interpretation des Marketing ist im Kulturbereich aber aus mindestens drei Gründen unzulänglich. Erstens, weil die Schaffung neuer, den Zielgruppen bisher nicht bekannter Kulturangebote hierbei nicht berücksichtigt wird. Zweitens, weil nicht alles angeboten werden kann und soll, was von einem Anbieter kultureller Leistungen erwartet wird – aus inhaltlichen Gründen, aus Kostengründen etc. Drittens gibt es sehr unterschiedliche Konzeptionen des Marketing, die gerade im Kulturbereich differenziert zu beurteilen und anzuwenden sind.

Das Grundverständnis von modernem Marketing wird in den nachfolgend aufgeführten Definitionen deutlich. Zu betonen ist, dass Marketing nach diesem Verständnis weit über einzelne Methoden und Instrumente wie Werbung, Verkaufsförderung oder Marktforschung hinausgeht. Es impliziert vielmehr eine *ganzheitlich* ausgerichtete Unternehmensphilosophie für das Handeln auf Märkten.

- Marketing umfasst die Planung, Koordination und Kontrolle aller auf aktuelle und potenzielle Märkte ausgerichteten Unternehmensaktivitäten. Durch

eine dauerhafte Befriedigung der Kundenbedürfnisse sollen die Unternehmensziele verwirklicht werden (Meffert et al. 2008).
- Marketing ist das Management von Wettbewerbsvorteilen (Günter 2007).
- Marketing hat als Unternehmensaufgabe den Aufbau, die Aufrechterhaltung und die Verstärkung der Beziehungen zum Kunden, anderen Austauschpartnern (Stakeholdern) und gesellschaftlichen Anspruchsgruppen zu gestalten. Mit der Sicherung der Unternehmensziele sollen auch die Bedürfnisse der beteiligten Gruppen befriedigt werden (Grönroos 1990).

Zunächst unterstellt Marketing, dass sich ein Kulturbetrieb (z.b. Theater, Museum) oder eine Einzelperson (z.b. Künstler) als Akteur auf dem Kultur- und Freizeitmarkt bewegt, dort Leistungen anbietet und Akzeptanz erzeugen will. Marktpartner sind Nachfrager, die als Kunden, Publikum, Besucher oder Nutzer auftreten können und damit Zielgruppen bzw. Austauschpartner des Marketing sind. Alle Kulturangebote sind dabei Produkte im engeren Sinne oder Dienstleistungen, die – wenn sie nicht für den Eigenbedarf, z.B. eines Kulturvereins oder eines Künstlers, erstellt werden – für externe Adressaten entwickelt und auf Märkten angeboten werden. Im modernen Management-Denken legt Marketing zunächst den so genannten *Demand-Pull-Ansatz* nahe. Dabei geht es aus Sicht des Anbieters darum, Nachfragerwünsche aufzuspüren und sie durch die Entwicklung und Bereitstellung entsprechender Produkte und Dienstleistungen zu erfüllen. Allerdings gibt es immer auch – in kommerziellen wie in nichtkommerziellen Märkten – die zweite Variante, den so genannten *Supply-Push-Ansatz* (vgl. Abb. 1). Dieser bedeutet, dass eine auf Anbieterseite bereits bestehende Produkt- oder Serviceidee mit Hilfe geeigneter Marketingstrategien und -instrumente den Zielgruppen nähergebracht wird, auch wenn beim ersten Hinsehen ein konkret auf dieses Angebot bezogener Nachfragerwunsch (noch) nicht erkennbar ist. Gerade im Bereich von öffentlich geförderter Kultur spielt diese Variante des Marketing eine große Rolle.

Wie erwähnt wird Marketing im Alltagssprachgebrauch sowie auch in manchen Organisationen gelegentlich sehr eng ausgelegt und umfasst in solchen Fällen wenig mehr als eine die Leistungspolitik unterstützende kommunikative Funktion (z.B. Werbung, Verkaufsförderung). Seit langem hat sich jedoch international das Verständnis durchgesetzt, Marketing sehr viel weiter zu fassen und es als Steuerung eines Unternehmens unter Berücksichtigung der Nachfrage, also als *marktorientierte Unternehmensführung* zu interpretieren. Legt man in dieser Variante den Akzent auf die Entscheidungs- und Auswahlmöglichkeiten der Nachfrager im Wettbewerb, dann lässt sich Marketing definieren als die Gestaltung von Beziehungen zu Nachfragern und anderen Adressaten zur Er-

1 Kulturmarketing – das Grundverständnis

zeugung von Akzeptanz und Präferenz und damit als *Management von Wettbewerbsvorteilen.*

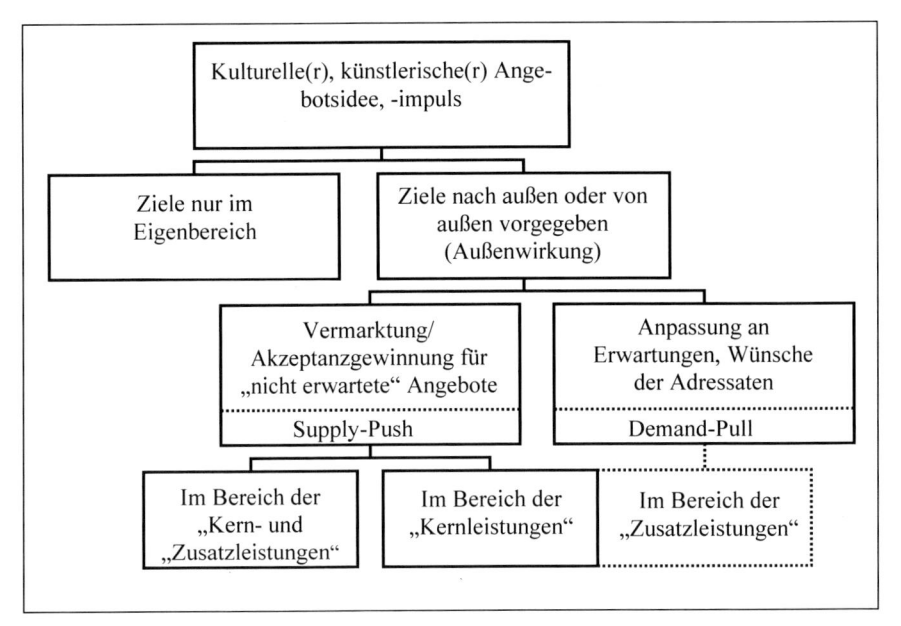

```
                  Kulturelle(r), künstlerische(r) Ange-
                            botsidee, -impuls

         Ziele nur im              Ziele nach außen oder von
         Eigenbereich                außen vorgegeben
                                       (Außenwirkung)

                    Vermarktung/                  Anpassung an
                 Akzeptanzgewinnung für        Erwartungen, Wünsche
                 „nicht erwartete" Angebote       der Adressaten
                      Supply-Push                  Demand-Pull

         Im Bereich der         Im Bereich der         Im Bereich der
           „Kern- und           „Kernleistungen"       „Zusatzleistungen"
          „Zusatzleistungen"
```

Abb. 1: Marketingansätze im Kultursektor

Erfolgreiches Marketing impliziert, die eigenen Leistungen so auszurichten, dass sie den Angeboten der Wettbewerber vorgezogen werden. Kulturschaffende kommentieren hierzu häufig: „Wir haben doch keine Konkurrenz ... niemand bietet das, was wir bieten". Zu dieser Position muss kritisch kommentiert werden, dass alle Kulturproduzenten und -vermittler im Wettbewerb stehen und sich gegenüber Konkurrenten, d.h. anderen Kultur- und Freizeitalternativen, beweisen und bewähren müssen. So stehen beispielsweise Konzertveranstalter nicht nur im Wettbewerb mit anderen Konzertanbietern. Vielmehr konkurrieren sie mit allen Alternativen, zwischen denen sich (potenzielle) Besucher entscheiden können und müssen. Alternativen sind nicht nur andere Konzertveranstalter der gleichen Musikrichtung, sondern auch Anbieter anderer Musikrichtungen, Anbieter von Musik/Konzerten auf medialem Wege, Kultureinrichtungen anderer Sparten sowie Anbieter im Bildungs-, Freizeit-, Unterhaltungs- und sozialen Bereich (ausführlich hierzu Hausmann 2005 und Klein 2011a).

Alle der genannten Anbieter und potenziellen Wettbewerber konkurrieren um vier Arten von Ressourcen ihrer Kunden:

- das beschränkte Finanzbudget,
- das knappe (Frei-)Zeitbudget,
- das Weiterempfehlungspotenzial und
- das Engagement (z.b. im Freundeskreis/Förderverein oder im politischen Leben einer Kommune, wenn es um den Zuschussbedarf, eine Restrukturierung oder gar den Erhalt der Kultureinrichtung geht).

Das Bestehen in diesem Wettbewerb mit Hilfe „besserer", aus der Sicht der Adressaten „vorziehenswürdiger" Angebote ist der Impetus aller Marketingaktivitäten. Ziel des Kulturmarketing ist es daher, dass Nachfrager in ihrer Wahrnehmung und Beurteilung einem bestimmten Kulturangebot den Vorzug geben im Vergleich zu Angeboten, die sie subjektiv als Alternativen ansehen. Gelingt dies mit einem (Kultur-)Angebot, so verfügt dieses über einen Wettbewerbsvorteil, wie im Folgenden weiter ausgeführt werden soll.

1.2 Wettbewerbsvorteile und Besucherorientierung

Wie oben dargestellt, ist es eine zentrale Frage im Kulturmarketing, ob und wie ein Kulturanbieter Wettbewerbsvorteile bei den gewünschten Austauschgruppen erzeugen und ein von anderen Anbietern unterscheidbares, unverwechselbares und attraktives Angebot für seine Adressaten vorhalten kann. Solche Adressaten eines Kulturangebots können sehr unterschiedliche Zielgruppen sein, wie Abb. 2 beispielhaft für ein Theater darstellt (siehe im Kontext des Stakeholder-Ansatzes auch Hausmann 2005, S. 13ff.; Klein 2011a, S. 6). Voraussetzung für erfolgreiches Marketing ist damit, dass die Adressaten ein bestimmtes Kulturangebot für vorziehenswürdig halten, ihm Wettbewerbsvorteile im Vergleich zu anderen Kulturangeboten einräumen. Da es dabei auf die (freie) Beurteilung und Entscheidung der Zielgruppen ankommt, sind Wettbewerbsvorteile ein stark subjektiv orientiertes Konzept. Es geht um Vorteile, die der Kunde (im Weiteren vor allem: der Besucher) als solche wahrnimmt, bewertet und nutzt (*Kundenvorteile*). Damit wird nicht ignoriert, dass es „objektive" Attraktivitätsfaktoren, objektiv einmalige Eigenschaften einer Kulturdarbietung und objektiv vorhandene Qualitätseigenschaften gibt. Letztlich wird aber immer die subjektive Beurteilung eines Nachfragers über Akzeptanz und Markterfolg eines Kulturangebots entscheiden.

1 Kulturmarketing – das Grundverständnis 13

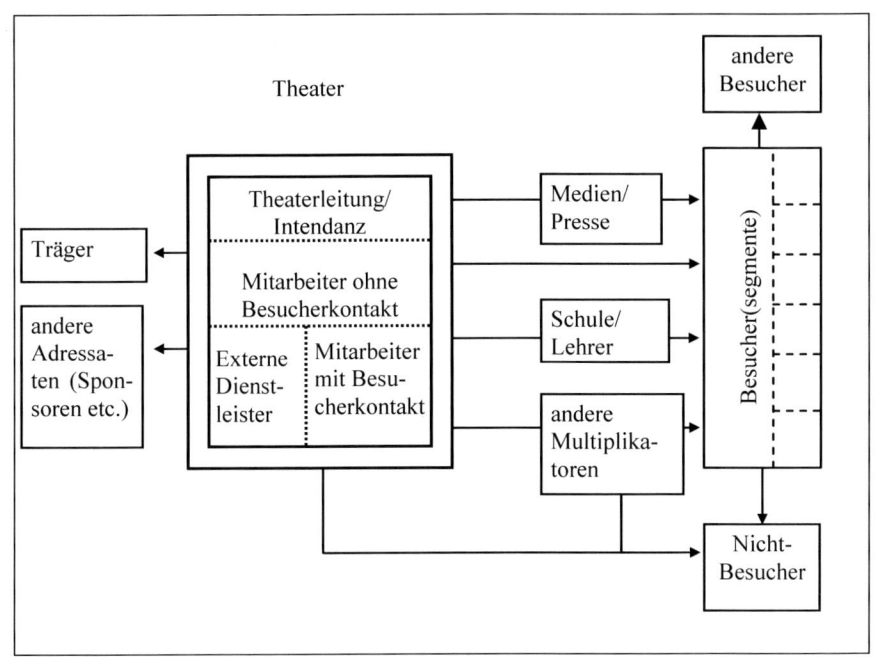

```
                    Theater                    ┌──────────┐
                                               │ andere   │
                                               │ Besucher │
                                               └──────────┘
                                                     ▲
  ┌─────────────────────────────────────────┐        │
  │      Theaterleitung/     ┌──────────┐   │   ┌────┴────┐
  │        Intendanz    ────▶│ Medien/  │───┼──▶│         │
┌────────┐                   │ Presse   │   │   │         │
│ Träger │◀──                └──────────┘   │   │         │
└────────┘  │   Mitarbeiter ohne            │   │Besucher-│
            │   Besucherkontakt             │   │(segmente)│
┌────────┐  │                 ┌──────────┐  │   │         │
│ andere │◀─│  ┌──────┬──────┐│ Schule/  │──┼──▶│         │
│Adressa-│  │  │Externe│Mitar-││ Lehrer   │  │   │         │
│ten(Spon│  │  │Dienst-│beiter│└──────────┘  │   │         │
│soren   │  │  │leister│mit   │              │   │         │
│etc.)   │  │  │       │Besu- │┌──────────┐  │   │         │
└────────┘  │  │       │cher- ││ andere   │──┼──▶│         │
            │  │       │kontakt│Multiplika-│  │   └─────────┘
            │  └──────┴──────┘│  toren   │  │
            └──────────────────└──────────┘──┘
                                                    ┌──────────┐
                                               ────▶│  Nicht-  │
                                                    │ Besucher │
                                                    └──────────┘
```

Abb. 2: Ausgewählte Adressaten (Stakeholder) von Kulturangeboten am Beispiel eines Theaters

Die Vorziehenswürdigkeit als Basis des Markterfolges ist damit nicht schon durch die Innensicht eines Anbieters gegeben, sondern erst, wenn (auch) die Außensicht der Adressaten dies bestätigt. Ein Wettbewerbsvorteil ist konsequent aus Sicht des Nachfragers zu interpretieren. Für die Sicht von Anbietern hat das Marketing den Gedanken der *Unique Selling Proposition* (USP) entwickelt. Damit ist ein einzigartiges, unverwechselbares Angebot oder Angebotselement gemeint, das einem Anbieter zu einer „Alleinstellung" verhelfen kann. Ein USP ist also zunächst ein von einem Anbieter behaupteter, ein potenzieller Wettbewerbsvorteil. Es bleibt dabei noch völlig offen, wie bestimmte Zielgruppen dieses Angebot sehen und bewerten. Der Nachfragersicht trägt erst das Konzept des Wettbewerbsvorteils im Sinne eines Kundenvorteils Rechnung. Dabei ist die Schaffung solcher Kundenvorteile an bestimmte Voraussetzungen geknüpft:

- Der Kulturanbieter muss über eine besondere Ressource oder Fähigkeit verfügen. Diese Ressource oder Fähigkeit muss stärker ausgeprägt sein als bei den Wettbewerbern.
- Die besondere Ressource oder Fähigkeit muss sich auf etwas richten, das für das Kulturerlebnis des Besuchers relevant ist.
- Die Ressource oder Fähigkeit muss vom Besucher wahrgenommen und im Vergleich mit anderen Kultur- und Freizeitwettbewerbern gesehen werden können.
- Der durch die besondere Ressource oder Fähigkeit erzielte Kundenvorteil sollte möglichst dauerhaft sein.

Grundsätzlich kann jede Dimension, die ein Besucher zur Beurteilung eines Kulturangebots heranzieht, Basis für Vorziehenswürdigkeit sein. Abbildung 3 zeigt einen breit gefächerten „Strauß" von möglichen Beurteilungsfaktoren und damit potenziellen Wettbewerbsvorteile.

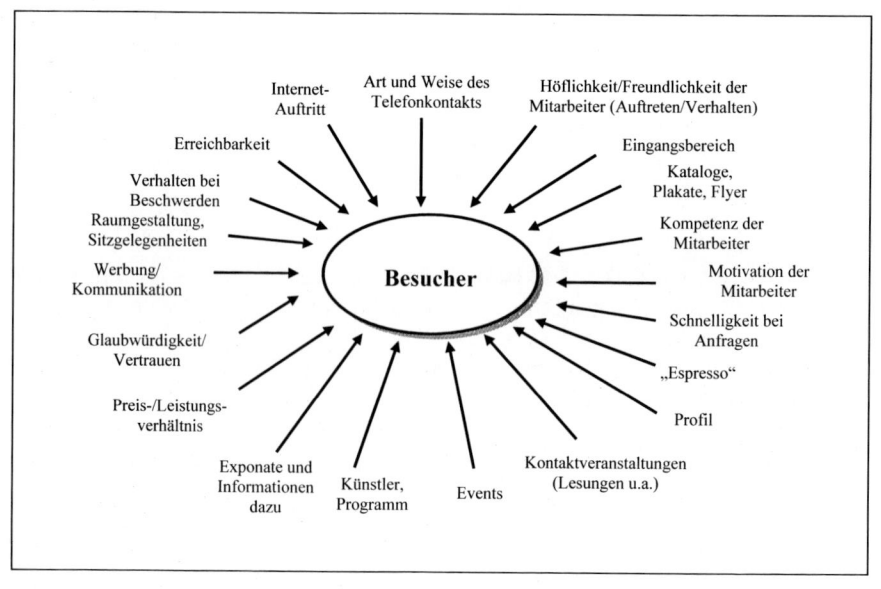

Abb. 3: Die Erlebniswelt des Besuchers einer Kunstgalerie

Das Marketing kennt vier Wettbewerbsvorteile im Sinne von Vorteilen für den Kunden – die ersten beiden davon stehen seit langem im Mittelpunkt der Analyse von Wettbewerbsstrategien, die beiden letzten werden zunehmend beachtet (vgl. Günter 2007).

Der erste Wettbewerbsvorteil (*„besser* als die Wettbewerbsangebote") liegt in den qualitativen Eigenschaften und dem daraus erwachsenden Nutzen eines Kulturangebots. Also in allen Qualitätsfaktoren, die die Inhalte eines Angebots in der Wahrnehmung und Beurteilung von Adressaten im Vergleich zu anderen Angeboten als „besser" erscheinen lassen. Dazu zählen z.B. bei Ausstellungen besondere Exponate, ebenso eine innovative Ausstellungskonzeption, ein abwechslungsreiches museumspädagogisches Angebot, gute Arbeitsbedingungen für Forscher oder ein exzellenter Besucherservice.

Der zweite Wettbewerbsvorteil (*„kostengünstiger* als die Wettbewerbsangebote") besteht in Kostenvorteilen, die der Besucher hat, wahrnimmt und in seine Gesamtbewertung einbezieht; es geht hier um die so genannten „total cost of ownership", d.h. dass der (Kultur-)Anbieter die Inanspruchnahme seiner Leistungen für den Nachfrager günstiger gestaltet. Es kann sich dabei um finanzielle Vorteile handeln (z.B. freier Eintritt, kostenlose ÖPNV-Anfahrt mit der Eintrittskarte zu einer Veranstaltung, kostenlose Parkplätze) oder generell um die Ersparnis von Ressourcen (z.B. kurze oder einfache Anfahrt für den Nutzer). Auch Vergünstigungen durch Art-Cards, Abonnements oder Kombitickets können einen Kundenvorteil schaffen.

Wettbewerbsvorteil ist drittens auch ein eventueller Zeitvorteil (*„schneller* als die Wettbewerbsangebote"). Dem Publikum eher als andere Anbieter Aufführungen, Künstler, Exponate, Ausstellungen, Veranstaltungen oder Publikationen bieten zu können, kann von den Besuchern als Kundenvorteil im Wettbewerb wahrgenommen und wert geschätzt werden.

Schließlich gibt es – als vierte Kategorie von Wettbewerbsvorteilen – in einigen Situationen das Beurteilungskriterium *Verlässlichkeit,* d.h. ein Anbieter hält seine Leistungsversprechen mit höherer Wahrscheinlichkeit ein als die Wettbewerber. Ein Besucher mag sich fragen, ob er tatsächlich in den Genuss der versprochenen Leistung kommen wird. Nachfrager beurteilen und unterscheiden Anbieter daher auch danach, wie verlässlich sie bei der Einhaltung von Zusagen bzw. Leistungsversprechen sind. Verlässlichkeit als Beurteilungskriterium tritt in der Praxis des Kulturmarketing etwa bei drohender Absage von Veranstaltungen auf, bei irreführenden Ausstellungstiteln, bei falschen Angaben zu Öffnungszeiten oder bei Auftritten von Künstlern, die zu spät oder gar nicht erscheinen.

Diese vier Wettbewerbsvorteile stellen „Bündel" von Beurteilungskriterien dar, die sich noch weiter auffächern lassen. Sie kehren sich bei „Nichterfüllung" in ihr Gegenteil um, d.h. in Wettbewerbs*nachteile.* Sie sind dynamisch in dem Sinne, dass sie nicht über längere Zeit stabil sein müssen, sondern sich weiterentwickeln oder in ihrer relativen Bedeutung für die einzelnen Zielgruppen verschieben können. Wettbewerbsvorteile werden, sofern sich ein Kulturanbieter nicht nur an eine homogene Zielgruppe, sondern an verschiedene Nutzerkreise wendet, differenziert sein, also je nach Zielgruppe Unterschiede aufweisen. Dies zeigt, dass es für eine stringente Marketingkonzeption wichtig ist, die Beurteilungskriterien und damit die Bedürfnis- und Verhaltensunterschiede der Zielgruppen zu kennen (vgl. Kapitel 2 und 4). Gleichzeitig ist es Aufgabe jedes Kulturanbieters festzulegen, welche Wettbewerbsvorteile er bei den jeweiligen Zielgruppen erzielen *will*, d.h. wie er sich am Markt (als vorziehenswürdig) positionieren will.

Wenn das Handeln auf Märkten untersucht oder gestaltet werden soll, stehen sich immer Innen- und Außensicht gegenüber. Die *Innensicht* ist durch den Blick aus der Institution, z.B. aus einem Museum, einem Theater oder einer Bibliothek, nach außen geprägt, d.h. auf die Besucher, Nutzer, Kulturpolitik oder sonstigen Kooperationspartner. Die *Außensicht* reflektiert die Perspektive dieser externen Austauschpartner, die bestimmte Erwartungen und Ansprüche an eine Kultureinrichtung haben. Innen- und Außensicht sind häufig nicht kongruent, in aller Regel wird es sogar erhebliche Diskrepanzen geben. Marketingkonzeptionen tragen dazu bei, eine solche Kongruenz herzustellen, in dem die Außenstehenden und ihre Sicht beeinflusst werden (z.B. dadurch, dass bestimmte Ressourcen und Fähigkeiten einer Kultureinrichtung stärker oder anders als bisher herausgestellt werden).

Es ist naheliegend, dass ohne Kenntnis der Außensicht grundsätzlich die Gefahr besteht, dass Produkte und Dienstleistungen an den Erwartungen und Anforderungen der Zielgruppen vorbeigeplant und -entwickelt werden. Als zentrales Vehikel zur Erreichung von Wettbewerbsvorteilen gilt daher die Besucherorientierung (in bestimmten Fällen im Kulturbereich auch als Publikums-, Nutzer- oder Adressatenorientierung bezeichnet; vgl. Günter 1997a und 1998; Hausmann 2001 und 2005; Bruhn 2012a; Klein 2011a). Wie bereits in Kapitel 1.1. ausgeführt, impliziert Besucherorientierung dabei nicht, dem Besucher sämtliche Wünsche zu erfüllen, so wie Kundenorientierung auch bei kommerziellen Unternehmen nicht bedeutet, dass alle Wünsche eines Kunden erfüllt werden (können). Es bedeutet vielmehr, den Besucher in seiner Differenziertheit (Vorkenntnisse, Motive, Einstellungen, Erwartungen, Beurteilungskriterien etc.) kennenzulernen und zu verstehen, um die Angebote nicht am Adressaten „vorbei zu planen". Die nachfolgend aufgeführten Voraussetzungen, Maßnahmen und Ziele der Besucherorientierung verdeutlichen die bestimmenden Elemente dieses Konzepts im Kulturbereich:

- *Denk- und Führungsstil*: Etablierung von Besucherorientierung in einer Kulturinstitution als durchgängige Grundhaltung aller Mitarbeiter und Führungskräfte. Notwendig hierzu ist einerseits Verhaltenstraining und Fortbildung, andererseits das Aufstellen von „Spielregeln" im Sinne von vereinbarten Standards zur Besucherorientierung. Hierzu gehört auch die interne Koordination und Abstimmung aller Beteiligten einschließlich möglicher Kooperationspartner, um ein kongruentes besucherorientiertes Handeln sicherzustellen (vgl. Kapitel 9).

- *Besucheranalyse und -segmentierung*: Gewinnung von Informationen über die Struktur, Bedürfnisse, Erwartungen, Vorkenntnisse etc. der Besucher, um Besuchersegmente bilden und Marketingmaßnahmen zielgruppenspezifisch ausrichten zu können.

- *Besucherbehandlung*: Umgang mit dem Besucher in der Form, dass dessen Bedürfnisse möglichst umfassend berücksichtigt werden, z.B. bei der Ausgestaltung von Öffnungszeiten, Preisen, Merchandisingartikeln oder des Webauftritts.

- *Besucherzufriedenheit und -bindung*: Herstellung von Besucherzufriedenheit und Besucherbindung, damit Besucher anderen von ihren positiven Kulturerlebnissen erzählen und wiederkommen (Förderung von Wiederbesuchsabsicht und Weiterempfehlungsverhalten).

1.3 Bausteine einer Marketingkonzeption

Eine Marketingkonzeption besteht aus einer Reihe von Bausteinen, die sich in eine idealtypische Abfolge bringen lassen. Wird dies – wie in nachfolgender Abbildung 4 – vorgenommen, so entsteht ein strategischer Planungsprozess, der zur Entwicklung, Überprüfung und Re-Formulierung einer Marketingkonzeption geeignet ist (vgl. hierzu auch Hausmann 2011, S. 41ff.; Klein 2011a, S. 63 ff.). Dieser Planungsprozess gilt allgemein für jede Kultureinrichtung oder auch für einzelne Kulturschaffende, wobei er gemäß des entsprechenden Anlasses (Neubau, Erweiterungsbau, Neupositionierung etc.) und der jeweiligen Art von Kultureinrichtung (Kulturverein, Theater, Literaturhaus, Bibliothek etc.) konkretisiert werden muss. Die einzelnen, im Folgenden kurz erläuterten Bausteine sind in idealtypischer Reihenfolge abzuarbeiten; in Klammern gesetzt sind die Kapitel, in denen bestimmte Aspekte noch vertieft werden.

1 Kulturmarketing – Das Grundverständnis

Informationsbezogene Perspektive: Analyse der Marketingsituation

| Kulturbetrieb | Umwelt | Nachfrager | Wettbewerb | Kooperationspartner |

Strategische Perspektive: Bestimmung von Zielen und Strategien

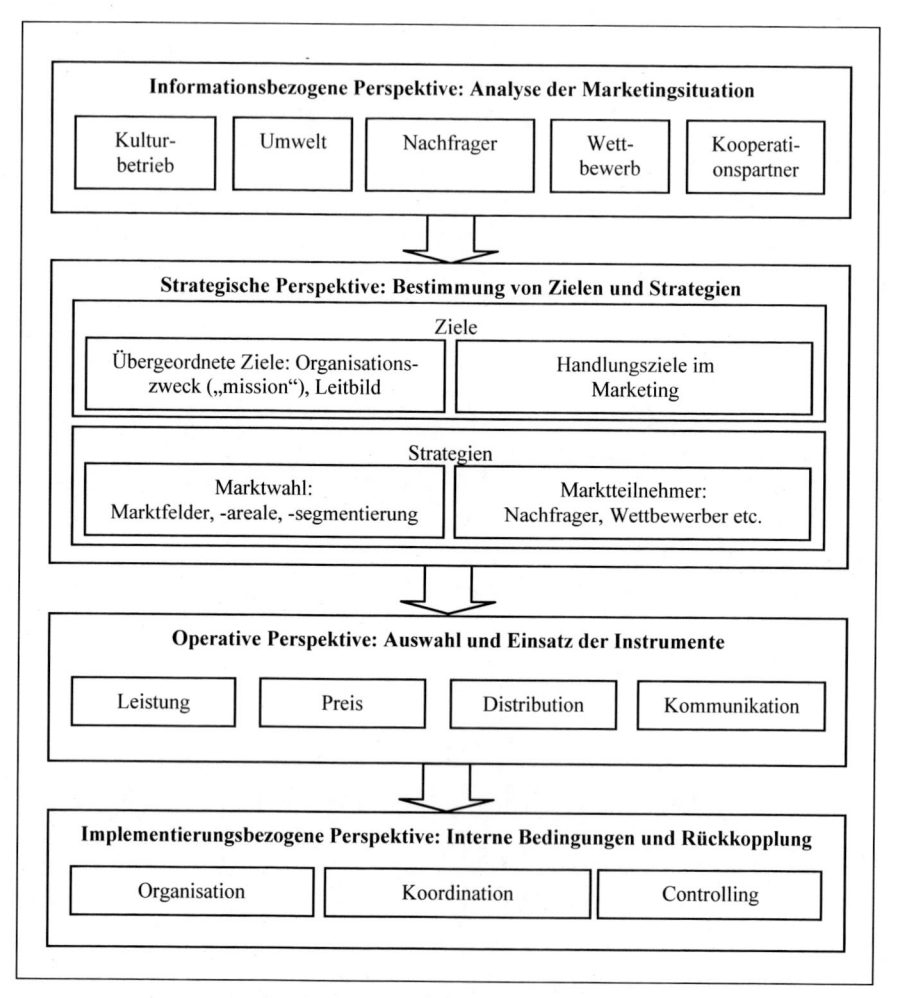

Ziele
- Übergeordnete Ziele: Organisationszweck („mission"), Leitbild
- Handlungsziele im Marketing

Strategien
- Marktwahl: Marktfelder, -areale, -segmentierung
- Marktteilnehmer: Nachfrager, Wettbewerber etc.

Operative Perspektive: Auswahl und Einsatz der Instrumente

| Leistung | Preis | Distribution | Kommunikation |

Implementierungsbezogene Perspektive: Interne Bedingungen und Rückkopplung

| Organisation | Koordination | Controlling |

Abb. 4: Bausteine einer Marketingkonzeption / Planungsprozess

Zunächst ist der relevante Markt abzugrenzen, auf dem ein Kulturanbieter tätig werden will, also das „Spielfeld" und damit u.a. auch das Einzugsgebiet. Dabei spielen die selbst gesteckten oder vom Rechtsträger bzw. Eigner vorgegebenen Oberziele eine zentrale Rolle. Gleichzeitig sind für den relevanten Markt Informationen zur Ausgangssituation zu erheben und auszuwerten (Kapitel 2). Diese beziehen sich sowohl auf den eigenen Betrieb mitsamt seinen Kapazitäten und

1 Kulturmarketing – das Grundverständnis

Ressourcen als auch auf die Nachfrager, Konkurrenz, Kooperationspartner und sonstigen Umweltbedingungen (z.B. Standort, rechtliche Restriktionen). Diese Analyse sollte neben dem Selbstbild (Innensicht) auch das Fremdbild (Außensicht) berücksichtigen, also die Sicht Dritter (z.B. Besucher, Kulturexperten, Berater oder Hochschulinstitutionen) einbeziehen.

Eine zentrale Entscheidung betrifft die Positionierung des Angebots. Dabei kann eine Ist-Positionierung (aus Innen- und Außensicht) identifiziert und eine Soll-Positionierung im Vergleich zu den Wettbewerbern definiert werden. Insbesondere muss die Frage beantwortet werden, mit welcher Art von Wettbewerbsvorteilen der Kulturbetrieb bei seinen Adressaten vorziehenswürdig sein will. In engem Zusammenhang hiermit steht die Definition von Zielen (Kapitel 3) und die Ableitung von Strategien. Das Strategieraster von *Becker* 2009 und *Günter* 2007 gibt zu letzterem Hilfestellungen (Kapitel 5).

Die Strategien bündeln und koordinieren die einzelnen Marketinginstrumente in einer konsistenten Form, dem so genannten „Marketing-Mix" (Kapitel 6). Bevor die Umsetzung und Realisierung erfolgt, sollten jedoch u.a. Tests durchgeführt und die Notwendigkeit zum Eingehen von Kooperationen geprüft werden. Schließlich ist die Konzeption einer Wirtschaftlichkeitsanalyse zu unterwerfen. Bei der nachfolgenden Realisierung ist auf evtl. auftretende Widerstände des Marktes oder der Mitwirkenden im Betrieb zu achten; ggf. sind Aktivitäten zur Beseitigung von Umsetzungsschwierigkeiten einzuleiten (Kapitel 8). Schließlich ist zu jedem Arbeitsablauf eine Rückkopplung herzustellen, wobei insbesondere Wert auf die Analyse eventueller Abweichungen von den Ziel- bzw. Sollvorgaben zu legen ist. Gegebenenfalls wird eine Modifizierung der Konzeption erforderlich sein (Kapitel 9).

Die bisherigen Ausführungen abschließend soll auf folgende Notwendigkeit hingewiesen werden: Bei der organisatorischen Bewältigung der Aufgabe, eine Kulturmarketingkonzeption auszuarbeiten, können und müssen alle Aktivitäten einer Handlungsebene zugeordnet werden. Abbildung 5 zeigt die fünf Handlungsebenen (Aktionsebenen) des Marketing (in Anlehnung an Kleinaltenkamp/Plinke 2002). Auf jeder Ebene kann eine Marketingkonzeption erarbeitet werden: Für die gesamte Einrichtung des Kulturanbieters (Ebene 1); für einzelne „strategische Geschäftsfelder", wie z.B. die Sparten eines Theaters oder die Programmfelder einer Veranstaltungsorganisation (Ebene 2); für einzelne Zielgruppen, wie z.B. das Besuchersegment Kulturtouristen (Ebene 3); für einzelne Beziehungspartner, wie z.B. Besucher, Nutzer, Kooperationspartner etc. (Ebene 4) oder sogar für einzelne Aktivitäten bzw. Markttransaktionen, wie z.B. ein Konzertbesuch, eine Führung hinter die Kulissen Theaters oder ein Verkauf eines Kunstwerks an einen Sammler (Ebene 5). Die Aktivitäten auf den verschiedenen Handlungsebenen müssen aufeinander abgestimmt werden und miteinander kompatibel sein. So sollen z.b. Handlungen auf Ebene 4 oder 5 nicht die für Ebene 3, 2 oder gar 1 vorgesehene Konzeption konterkarieren.

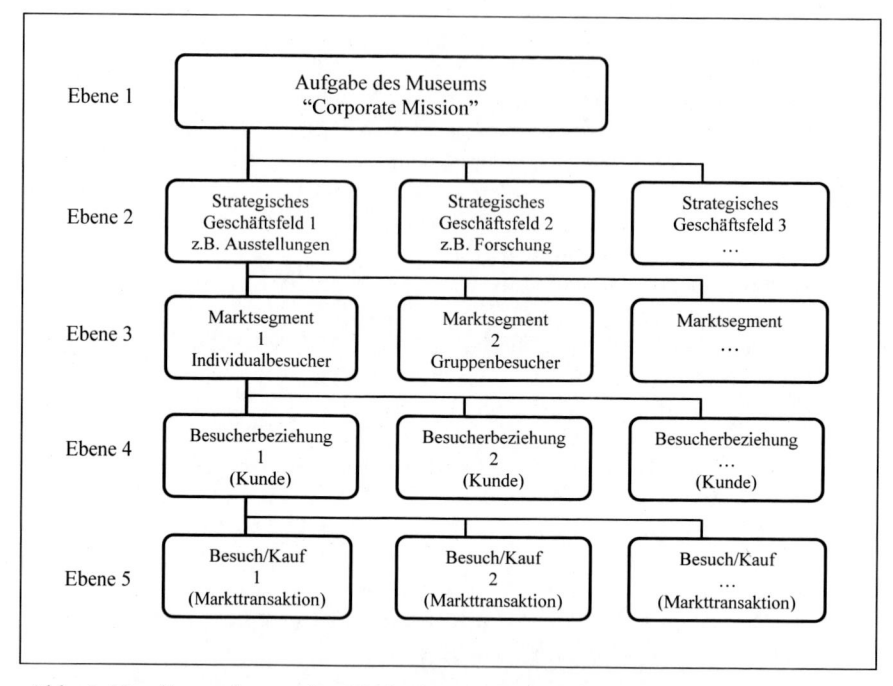

Ebene 1	Aufgabe des Museums "Corporate Mission"		
Ebene 2	Strategisches Geschäftsfeld 1 z.B. Ausstellungen	Strategisches Geschäftsfeld 2 z.B. Forschung	Strategisches Geschäftsfeld 3 ...
Ebene 3	Marktsegment 1 Individualbesucher	Marktsegment 2 Gruppenbesucher	Marktsegment ...
Ebene 4	Besucherbeziehung 1 (Kunde)	Besucherbeziehung 2 (Kunde)	Besucherbeziehung ... (Kunde)
Ebene 5	Besuch/Kauf 1 (Markttransaktion)	Besuch/Kauf 2 (Markttransaktion)	Besuch/Kauf ... (Markttransaktion)

Abb. 5: Handlungsebenen des Marketing am Beispiel Museum

2 Informationsentscheidungen im Kulturmarketing

Alle Marketingentscheidungen müssen von Maßnahmen der Informationssuche und -verwertung begleitet werden. Ohne Kenntnis des Verhaltens relevanter Marktakteure (z.B. der Besucher), der Markt- und Wettbewerbsbedingungen, der Wirkung kommunikativer Maßnahmen oder preispolitischer Entscheidungen, besteht die Gefahr, dass suboptimale Marketingentscheidungen getroffen und wertvolle Ressourcen verschwendet werden. Mit Hilfe von Marktforschung können auf Basis wissenschaftlicher Methoden entscheidungsrelevante Informationen für das Marketing systematisch erhoben, analysiert und interpretiert werden. Im Bereich der Marktforschung von Kultureinrichtungen spielt neben der Umwelt- und Konkurrenzanalyse sowie der Analyse des eigenen Kulturbetriebs (vgl. ausführlicher hierzu u.a. Klein 2011a, S. 155ff.) vor allem die Besucheranalyse eine wesentliche Rolle, die auch hier im Vordergrund stehen soll (siehe dazu z.B. Butzer-Strothmann et al. 2000; Glogner 2008 und 2012; Günter 2006). Für eine systematische Durchführung sind folgende vier Phasen zu durchlaufen, die in Abbildung 6 noch einmal mit ihren zentralen Fragestellungen aufgeführt sind:

- *Problemdefinition*: Identifikation eines Problems und damit Abgrenzung des konkreten Informationsbedarfs.
- *Informationsgewinnung*: Festlegung des Untersuchungsdesigns und Auswahl des Durchführenden; Erhebung der für den Informations- bzw. Entscheidungsbedarf relevanten Daten mit Hilfe geeigneter Quellen und Verfahren der Sekundär- und Primärmarktforschung.
- *Informationsverarbeitung*: Speicherung und Auswertung der nach der Erhebung in Form von Datensätzen vorliegenden Informationen mit geeigneten statistischen Methoden. Nach der Anzahl der einbezogenen Variablen werden univariate Methoden (z.B. Häufigkeitswerte, Mittelwerte) sowie bi- und multivariate Methoden (z.B. Kreuztabellierung, Regressionsanalyse) unterschieden. Identifizierung besonders auffälliger Ergebnisse und Interpretation von Zusammenhängen.
- *Präsentation und Kommunikation der Ergebnisse*: Aufbereitung der Ergebnisse, z.B. im Rahmen einer Power-Point-Präsentation oder eines Ergebnis-

berichts. Die interne Kommunikation der Befragungsergebnisse kann z.B. im Rahmen von Workshops erfolgen und ist eine Aufgabe des internen Marketing von Kultureinrichtungen (siehe Kapitel 9).

Prozessschritt	Zentrale Fragestellungen
Problemdefinition	Was ist das zentrale Ziel der Studie (z.B. Analyse der Besucherzufriedenheit oder Besucherstruktur)?
Festlegen des Untersuchungsdesigns	Mit welchem Typ von Studie können die Ziele erreicht werden (explorativ, deskriptiv, normativ)?
Bestimmung des Durchführenden	Wer soll die Marktforschungsstudie durchführen (eigene Durchführung versus Outsourcing an Marktforschungsunternehmen)?
Festlegung der Datenerhebungsmethode	Welche Form der Datenerhebung ist angemessen (Befragung, Beobachtung, Experiment)?
Klärung der Messung und Skalierung	Wie kann der Untersuchungsgegenstand gemessen werden (Messkriterien, Skalentyp)?
Stichprobenauswahl	Mit welchen Verfahren soll die Stichprobe identifiziert werden und welchen Umfang sollte sie haben?
Gestaltung des Erhebungsinstrumentes	Wie sollen der Interviewleitfaden, der Fragebogen oder das experimentelle Design gestaltet werden?
Durchführung der Datenerhebung	Welche Besonderheiten sind bei der Datenerhebung zu beachten (z.B. Zeitpunkt bzw. Zeitraum der Befragung, Ort des Interviews)?
Editieren und Kodieren der Daten	Wie können die Daten mit (numerischen) Codes verarbeitet werden (Entwerfen eines Codierungsplanes, Auswahl der Statistiksoftware)?
Datenanalyse und -interpretation	Welche Analyseverfahren kommen zur Anwendung (uni-, bi- und multivariate Analyseverfahren)?
Präsentation und Kommunikation der Ergebnisse	Wie lassen sich die Ergebnisse zweckmäßig präsentieren (Komplexität, Tiefe, Art des Ergebnisberichts und der Präsentation)?

Abb. 6: Der Prozess der Marktforschung und zentrale Fragestellungen

Im Mittelpunkt der folgenden Ausführungen stehen die beiden Phasen der (a) Problemdefinition bzw. Abgrenzung des Informationsbedarfs und der (b) Informationsgewinnung. Der Informationsbedarf ist definiert durch die Differenz zwischen dem Ist-Bestand an Informationen, d.h. an „zweckorientiertem Wissen", und dem gewünschten Soll an Wissen, d.h. dem angestrebten Informationsstand. Mit Blick auf das Kulturpublikum muss konstatiert werden, dass sowohl über die Nachfrage nach kulturellen Leistungen allgemein als auch nach speziellen Arten von Kulturbetrieben, wie z.b. einer Oper, einer Galerie, eines Jazzveranstalters oder eines Zirkus, relativ wenig bekannt ist. Vom „gläsernen Besucher" ist der Kulturbereich daher noch ein ganzes Stück entfernt. Dies liegt nicht zuletzt daran, dass viele Kulturanbieter Besucherforschung für überflüssig oder zu aufwändig halten. Zwar gibt es für Theater und Museen immer wieder betriebsbezogene und damit standortbezogene Besucheranalysen. Diese sind zumeist darauf gerichtet, Informationen über Besucherstruktur, -herkunft, Informations- und Besuchsverhalten zu generieren. Allerdings fehlt es noch weitgehend an übergreifenden Untersuchungen, Grundlagenforschung und Nichtbesucheranalysen (vgl. Günter 2006). Letztere soll(t)en vor allem Akzeptanzbarrieren aufdecken und damit Hinweise für Verbesserungen beim Einsatz der Marketinginstrumente liefern.

Zum Informationsbedarf der Marktforschung im Kulturmarketing gibt Tabelle 1 Hinweise. Es handelt sich um typische Informationen über die Besucher, die Kulturanbietern häufig nicht oder nicht umfassend genug vorliegen und die mit Hilfe der Besucherforschung eruiert werden können (vgl. hierzu auch die Ausführungen zur Marktsegmentierung in Kapitel 5).

soziodemographische/ -ökonomische Informationen	Alter, Geschlecht, Wohnort, Beruf, Schulabschluss, Einkommen etc.
verhaltensorientierte Informationen	Besuchshäufigkeit, Besuchsanlässe, Anreiseverhalten, Kommunikations- und Informationsverhalten, Aufenthaltsdauer, Aktivitäten vor/nach dem Besuch, Bereitschaft zum Engagement und zur Mitarbeit etc.
Besucherstatus	Gruppenbesucher, Einzelbesucher, Vollzahler, Ermäßigungsberechtigte etc.
Erwartungen und (Un-)Zufriedenheit	Kern- und Serviceleistungen; Akzeptanz- und Besuchsbarrieren

Tab. 1: Besucher – die unbekannten Wesen?

Die Deckung des Informationsbedarfs und damit die Gewinnung von Informationen kann auf zweierlei Weise erfolgen: durch Sekundärmarktforschung und/oder durch Primärmarktforschung (vgl. Hausmann 2005, S. 55f.; Meffert et al. 2012, S. 149ff.). Im Falle der *Sekundärmarktforschung* werden Daten beschafft, die an anderer Stelle, meist für andere oder übergeordnete Zwecke erhoben wurden, damit bereits vorliegen und ausgewertet werden können. Dabei kann es sich um Daten der amtlichen Statistik handeln oder von kulturspezifischen Verbänden und Instituten (z.b. Deutscher Kulturrat, Institut für Museumsforschung, Deutscher Bühnenverein, Deutscher Orchesterverband). Sekundärmarktforschung ist zumeist kostengünstig und weniger aufwändig. Allerdings muss die Frage beantwortet werden, ob das vorliegende Datenmaterial den eigenen Informationsbedarf abdeckt oder ob z.b. kulturbetriebsspezifische Besonderheiten (Standort, Besucherstruktur etc.) die Verwendbarkeit der Sekundärdaten einschränken.

Präziser können Erhebungen der *Primärmarktforschung* sein. Bei der Primärmarktforschung wird Informationsmaterial zum ersten Mal und speziell für die beabsichtigen Zwecke zusammengetragen bzw. erhoben. Dies ist in der Regel aufwändiger und dauert länger, kann aber das spezielle Informationsbedürfnis eines Kulturbetriebs besser erfüllen. Es stellt sich allerdings die Frage, wer Träger der Primärforschung sein soll. Aufgrund von fehlendem Personal oder Know-how wird es häufig sinnvoll sein, externe Experten bei der Konzeption, Durchführung und Auswertung um Unterstützung zu bitten. Dies können Marktforschungsinstitute, spezialisierte Unternehmensberater bzw. Agenturen sein, aber auch Hochschulinstitute, freiwillige Arbeitsgruppen von Experten oder Weiterbildungsinstitutionen.

Die Erhebung von Informationen im Rahmen der Primärmarktforschung kann unter Einsatz folgender Instrumente erfolgen (vgl. ausführlicher hierzu u.a. Meffert et al. 2012, S. 158ff.):

- *Befragung*: Im Rahmen der Besucherforschung ist die Befragung das am weitesten verbreitete Erhebungsverfahren. Ziel und Aufgabe bestehen darin, ausgewählte Personen (in der Regel eine Stichprobe aus einer Grundgesamtheit) zu vorab festgelegten Themenkreisen Auskunft geben zu lassen. Die Befragung kann sowohl mündlich (persönliches Interview oder telefonisch) als auch schriftlich per Fragebogen (off- oder online) durchgeführt werden.

- *Beobachtung*: Hier werden bestimmte Tatbestände zum Zeitpunkt ihres Geschehens durch Wahrnehmung festgehalten (z.B. Besucheraufkommen in der Gastronomie zu einer bestimmten Tageszeit oder Wartezeiten an der

Abendkasse). Naturgemäß ist diese Methode auf solche Phänomene beschränkt, die sich tatsächlich beobachten lassen.

- *Experiment*: Unter einem Experiment (Test) wird eine wiederholbare, unter kontrollierten, vorher festgelegten Umweltbedingungen (im Labor oder unter natürlichen Bedingungen) durchgeführte Versuchsanordnung verstanden. Ziel ist es, den Einfluss eines unabhängigen Faktors (z.B. Besucherleitsystem) auf eine abhängige Variable (z.b. Besucherlaufwege in einem Freilichtmuseum) zu überprüfen.

Es ist bereits darauf hingewiesen worden, dass die Durchführung von umfangreichen Besucheranalysen insbesondere für kleinere Kultureinrichtungen aus Personal- und Kapazitätsgründen nicht immer zu bewerkstelligen ist. Gerade für diese Einrichtungen sind daher die so genannten „schlanken" Instrumente (ausführlicher hierzu Butzer-Strothmann et al. 2000) zu empfehlen. Hierzu gehört z.b. die Auswertung von Besucherbüchern, Meinungskarten und Blogs, aber auch der regelmäßige Kontakt mit wichtigen Multiplikatoren (Gruppenleiter, Lehrer, Taxifahrer etc.) kann dabei helfen, auf explorative Weise Informationen zu erhalten.

Unabhängig von den konkret gewählten Instrumenten zur Informationsbeschaffung gilt grundsätzlich, dass die regelmäßige Durchführung von Besucheranalysen für den Kulturbetrieb mit einer Reihe von Vorteilen verbunden ist:

- Ermittlung konkreter Informationen über die Besucher (*Informationsfunktion*),
- Aufdeckung und Analyse von Besucher(un)zufriedenheit und -loyalität (*Frühwarnfunktion*),
- Entwicklung zielgruppenspezifischer Marketingmaßnahmen und Erhöhung der Besucherorientierung (*Implementierungsfunktion*),
- Überprüfung der Wirksamkeit von bereits eingeleiteten Marketingmaßnahmen (*Kontrollfunktion*),
- Reduktion von Unsicherheit bei der Entscheidungsfindung durch Gewinnung von Informationen „aus erster Hand" (*Objektivierungsfunktion*),
- Schaffung einer Argumentationsbasis gegenüber Rechtsträgern, Kulturverwaltung, Medien, Öffentlichkeit etc. (*Legitimationsfunktion*).

Trotz dieser grundsätzlichen Vorteile stellt die Markt- und Besucherforschung im Kulturbereich kein Allheilmittel dar. So wird häufig übersehen, dass Besucheranalysen zwar eine Vielzahl an Informationen zu liefern vermögen, diese jedoch nur dann nützlich sind, wenn sie von den Verantwortungsträgern einer Kultureinrichtung tatsächlich ausgewertet und für Entscheidungen genutzt werden (und nicht etwa in einer „Schublade" dem Vergessen anheimgestellt werden). Ein weiteres typisches Problem im Kulturbereich liegt darin, dass Befragungen thematisch überfrachtet werden, weil eine sorgfältige Problemdefinition und Informationsbedarfsanalyse im Vorfeld nicht erfolgt – und am Ende ein bunter, aber zusammenhangloser Strauß von Fragen gestellt wird. Darüber hinaus sollten die Kosten und Nutzen einer Besucherforschung sorgfältig gegeneinander abgewogen werden. Denn alle Informationsaktivitäten sind mit Kosten und dem Einsatz von Ressourcen verbunden. Gleichzeitig ist es nicht immer leicht, den tatsächlichen (Informations-)Nutzen einer Besucheranalyse, der sich letztlich in einem durch Entscheidungsverbesserung bedingten Zuwachs (höhere Besucherzufriedenheit, weniger Beschwerden, mehr Zielgruppenorientierung, höhere Wirtschaftlichkeit von Marketingmaßnahmen etc.) ausdrücken sollte, einzuschätzen.

3 Ziele im Kulturmarketing

Ziele stellen zentrale Orientierungs- bzw. Richtgrößen für das Handeln eines Kulturbetriebs dar. Mit ihrer Hilfe werden Aussagen über anzustrebende Zustände getroffen, die mit entsprechenden (Marketing-)Maßnahmen erreicht werden sollen (vgl. Meffert et al. 2012, S. 246). Auf der höchsten Hierarchieebene der Ziele einer Institution findet sich der Organisationszweck („business/corporate mission") (siehe Abb. 7). Diese oberste Zwecksetzung wird in der Regel vom Träger bzw. Eigner eines Kulturbetriebs vorgegeben. Zumeist sind die hier gemachten Vorgaben aber zu wenig präzise, um als verbindliche Richtschnur für Marketingkonzeptionen dienen zu können. Daher ist es im Kulturbereich sinnvoll, Leitbilder als Grundlage für die Bestimmung des Selbstverständnisses und der Ableitung von (Marketing-)Zielen heranzuziehen (vgl. hierzu auch Klein 2011a, S. 88f.).

Grundsätzlich sind Leitbilder eine geeignete Basis, um einen Konsens zwischen allen Mitarbeitern einer Kultureinrichtung über wünschenswerte Arbeitsergebnisse zu erreichen und diesen Konsens zum Maßstab für die Aufgabenerfüllung jedes Einzelnen zu machen. Leitbilder umfassen typischerweise Aussagen über

- den Charakter des Kulturbetriebs,
- seine zentralen Aufgabe,
- die Art und Weise, wie die Beteiligten miteinander arbeiten wollen, und
- wer mit dem Kulturangebot primär erreicht werden soll.

Leitbilder müssen allerdings bestimmten Anforderungen genügen, wenn sie ihrer Aufgabe gerecht werden wollen. So sollten Leitbilder nicht zu ausführlich und ausschweifend sein, sondern prägnant den grundsätzlichen Handlungsrahmen festlegen. Darüber hinaus sollten die hierin getroffenen Aussagen für einen längeren Zeitraum gültig und verbindlich sein. In der Praxis von Kulturinstitutionen sind Leitbilder jedoch noch häufig sehr allgemein gehalten – nicht zuletzt, um auf diese Weise möglichst breiten Konsens bei den verschiedenen Mitarbeitern zu finden und sich Flexibilität bei sich ändernden Bedingungen (Wechsel in der Leitungsebene, neue Mehrheiten in der Kulturpolitik etc.) zu bewahren.

Durch diese Reduzierung von Leitbildern auf den „kleinsten gemeinsamen Nenner", auf den sich alle Beteiligten einigen können, entstehen oft vage, wenig aussagekräftige Leitsätze. Konkrete Vorgaben, Ziele und Beurteilungsmaßstäbe fehlen vielfach, was die Einforderung von leitbildorientiertem Verhalten bei den Mitarbeitern zwangsläufig erschwert.

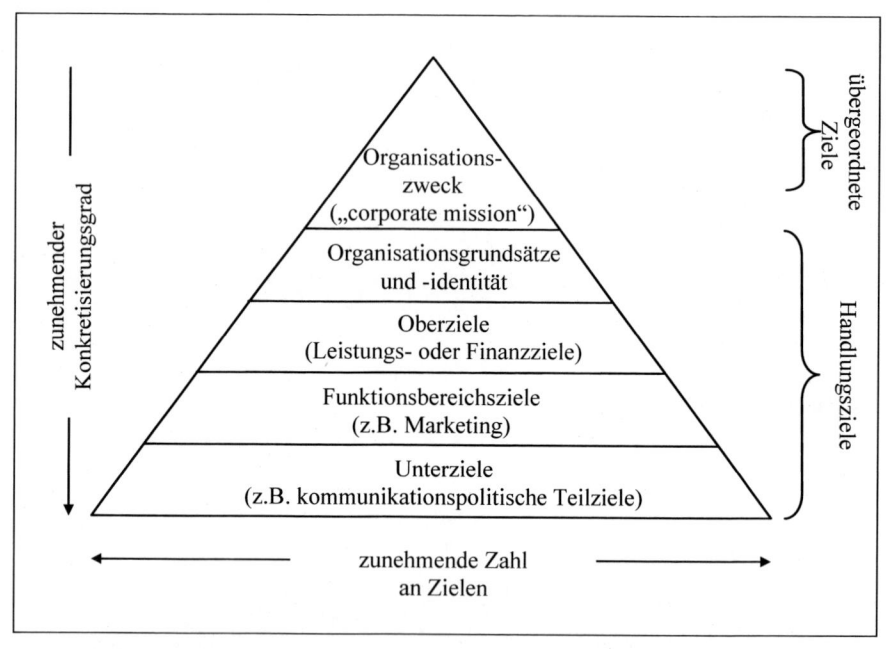

```
                    /\
                   /  \
                  /Organisations-\
                 /    zweck       \          } übergeordnete
                /  („corporate      \           Ziele
               /    mission")        \
              /————————————————————————\
             /  Organisationsgrundsätze \
            /       und -identität       \
           /————————————————————————————————\
          /          Oberziele              \
         /    (Leistungs- oder Finanzziele)  \     } Handlungsziele
        /——————————————————————————————————————\
       /         Funktionsbereichsziele         \
      /              (z.B. Marketing)            \
     /————————————————————————————————————————————\
    /                  Unterziele                  \
   /     (z.B. kommunikationspolitische Teilziele)  \
  /——————————————————————————————————————————————————\

  zunehmender                    zunehmende Zahl
  Konkretisierungsgrad ↓            an Zielen
```

Abb. 7: Hierarchieebenen der Zielpyramide von Kulturanbietern

In engem Zusammenhang mit der „corporate mission" und dem Leitbild steht die *Organisationsidentität* (Corporate Identity – CI), in der sich die Tradition und bisherige Führungspolitik eines Kulturanbieters sowie die Einstellungen, Werte und Normen der Mitarbeiter ausdrücken. Es lassen sich drei grundlegende Bereiche der Corporate Identity unterscheiden (allgemein hierzu Homburg 2009, S. 822): Das *Corporate Design* stellt die visuelle Umsetzung einer Corporate Identity dar und umfasst dementsprechend die Gestaltung sämtlicher Elemente des Erscheinungsbildes. Wesentlich ist eine konsistente und einheitliche Verwendung optischer Gestaltungsmerkmale wie Name und Logo des Kulturanbieters, Schrifttypen etc. Die *Corporate Communication* bezieht sich auf die

3 Ziele im Kulturmarketing

Art und Weise der (verbalen, non-verbalen) Kommunikation eines Kulturanbieters mit seinen internen und externen Stakeholdern. Im *Corporate Behavior* spiegelt sich wider, wie sich die Mitarbeiter gegenüber den verschiedenen Anspruchsgruppen sowie untereinander verhalten (sollen). Ein besucherorientiertes Corporate Behavior drückt sich z.b. in (steter) Freundlichkeit und Servicementalität bei allen, d.h. auch den nicht im unmittelbaren Besucherkontakt tätigen Mitarbeitern eines Kulturanbieters aus.

Aus Organisationszweck, Leitbild und Corporate Identity lassen sich konkrete Handlungsziele für das Kulturmarketing ableiten. Damit Ziele ihrer Funktion als Orientierungs- bzw. Steuerungsinstrument gerecht werden können, müssen sie *realistisch* sein, d.h. mit den im Kulturbetrieb vorhandenen Ressourcen erreichbar sowie *operationalisierbar*, d.h. ihre (Nicht-)Erreichung muss mit entsprechenden Methoden messbar sein. Bei der Formulierung von Marketingzielen sind vier verschiedene Dimensionen zu beachten; hierzu gehören:

- Der *Zielinhalt*, der grundsätzliche Überlegungen darüber enthält, was von einer Kultureinrichtung angestrebt werden soll (Erhöhung der Besucherzahlen, Erhöhung des Anteils junger Besucher, Erschließung des Kulturtourismusmarkts etc.).

- Das *Zielausmaß*, das beschreibt, in welchem Umfang ein Ziel erreicht werden soll (Erhöhung der Einnahmen aus Eintrittskartenverkauf um 10%).

- Der *Zeitbezug*, der den Zeitraum abgrenzt, innerhalb dessen ein Ziel erreicht werden soll (Erhöhung der Abonnentenzahl um 5% in der nächsten Spielzeit). Hierbei kann zwischen kurz-, mittel- und langfristigen Zielen unterschieden werden.

- Das *Zielsubjekt*, das jene Person darstellt, die für die Zielerreichung und die dazu erforderliche Koordination entsprechender Ressourcen verantwortlich ist.

Im Rahmen des Marketing sind Ziele auf verschiedenen Handlungsebenen und – bei größeren Kulturanbietern – auch auf verschiedenen Organisationsebenen festzulegen. Grundsätzlich ist dabei darauf zu achten, dass Ober- und Unterziele aufeinander abgestimmt sind sowie Teilziele vorgegeben, verfolgt und kontrolliert werden. Existiert ein Leitbild, so dürfen die Ziele dem Leitbild nicht widersprechen. Grundsätzlich können sich Ziele harmonisch, konfligierend oder indifferent (neutral) zueinander verhalten. Zielkonflikte sollten durch die Träger bzw. Eigner und das Management eines Kulturanbieters grundsätzlich vermieden oder durch die Setzung von Prioritäten gelöst werden. Ein typisches Beispiel für Zielkonflikte im Marketing von Museen und Ausstellungshäusern ist die angestrebte Zahl von Führungen für Schulklassen. Diese Zielgröße steht normalerweise in Zusammenhang und einem harmonisch-verträglichen Verhältnis mit dem Oberziel der Steigerung von Besucherzahlen. Sie kann aber im Konflikt stehen mit Zielen der Erhaltung und Schonung von Exponaten, mit dem Ziel der Erreichung eines bestimmten durchschnittlichen Eintrittspreises (Schulklassen erhalten üblicherweise Ermäßigungen auf den regulären Ticketpreis) oder mit dem Ziel, Mitarbeitern und Besuchern feste Öffnungszeiten zu bieten (diese limitieren dann möglicherweise die Zahl der möglichen Gruppenführungen von Schulklassen, die in einigen Häusern auch außerhalb der regulären Öffnungszeiten empfangen werden). Hier ist im Rahmen der Steuerung eines Museums (Controlling im weiteren Sinne) eine Prioritätensetzung anhand der Oberziele vorzunehmen.

Eine weitere mögliche Kategorisierung von Zielen ist die Unterscheidung in ökonomische und psychografische (vgl. allgemein hierzu Meffert et al. 2012, S. 255ff.):

- *Ökonomische* Ziele lassen sich anhand von Markttransaktionen (Kauf, Besuch, Nutzung) messen. So könnte ein ökonomisches Ziel eines kommunalen Programmkinos darin bestehen, die Einnahmen aus dem Verkauf von Kinokarten um 10% im nächsten Jahr zu erhöhen. Weitere ökonomische Marketingziele sind z.B. die Erhöhung der Umsatzerlöse im Museumsshop, die Erhöhung des Kostendeckungsgrads für einzelne Sparten oder Vorstellungen eines Theaters oder die Erhöhung von Deckungsbeiträgen bei bestimmten pädagogischen Leistungen eines Festspielhauses.

- *Psychografische* Ziele beziehen sich auf mentale Prozesse. Sie berücksichtigen die Tatsache, dass bei den Besuchern zwischen ihren geistigen, z.B. durch die Werbung eines Kulturanbieters angeregten Wahrnehmungs- und Verarbeitungsprozessen einerseits und ihrem tatsächlichen Besuchs-, Nutzungs- bzw. Kaufverhalten andererseits enge Beziehungen bestehen. Damit sind die psychografischen Ziele auf – mit dem obersten Organisationszweck eines Kulturanbieters konform gehende – Verhaltensänderungen der Besucher gerichtet. Dadurch sind sie allerdings schwieriger zu operationalisieren als ökonomische Marketingziele und lassen sich entsprechend weniger leicht messen. Konkrete psychografische Ziele können z.B. sein: Erhöhung des Bekanntheitsgrades, Verbesserung des Images, Veränderung von Besuchereinstellungen, Erhöhung der Besucherzufriedenheit, Intensivierung von Besuchertreue bzw. -bindung, Erhöhung der Besuchs- bzw. Nutzungsintensität, Förderung des Wiederbesuchs- und Weiterempfehlungsverhaltens.

Alle Marketingziele sind nach Maßgabe vorhandener Kapazitäten und Ressourcen laufend zu überwachen und zu überprüfen. Auf diese Weise kann festgestellt werden, ob das Management noch „auf Kurs" ist und die richtigen Ressourcen an den richtigen Stellen eingesetzt werden. Eine solche regelmäßige Zielüberprüfung stellt gleichzeitig den Baustein eines umfassenden Marketingcontrolling dar (vgl. Kapitel 9).

4 Positionierungsentscheidungen im Kulturmarketing

Ein wesentlicher Entscheidungstatbestand im Marketing bezieht sich auf die angestrebte *Positionierung* eines Kulturanbieters. Die Positionierung drückt sich in dem Bestreben einer Kultureinrichtung aus, ihr Angebot so zu gestalten (durch z.b. Qualitäts-, Innovations- oder Serviceorientierung), dass es im Bewusstsein der relevanten Zielgruppen einen von den Wettbewerbern eindeutig abgesetzten Platz einnimmt. Entsprechend der Ausführungen zu den Bausteinen einer Marketingkonzeption (Kapitel 1.3) steht die Positionierung in engem Kontext mit den vorhandenen bzw. angestrebten Wettbewerbsvorteilen. Konstituierend für eine solche Positionierung sind z.b. bei einem Museum alle relevanten Eigenschaften dieses Hauses: Exponate, Mitarbeiter, Architektur, Umgebung etc. Damit kann die Positionierung fassbare „objektive" Elemente enthalten, aber auch viele Merkmale, die in der subjektiven Wahrnehmung, Einschätzung und Beurteilung durch externe oder interne Personen bestehen (Freundlichkeit der Mitarbeiter, Atmosphäre, Serviceorientierung etc.).

Positionierungsentscheidungen können in einem größeren Zusammenhang betrachtet werden, etwa hinsichtlich der Rolle einer Kulturinstitution im Stadtmarketing einer Kommune oder im Tourismusmarketing einer Region. Das bedeutet u.U., dass hierdurch eine Positionierung präjudiziert wird oder dass Abstimmungsbedarf mit anderen Entscheidungsträgern (aus der Stadtverwaltung, mit Touristikern etc.) entsteht. Dies ist insbesondere der Fall, wenn es um die Positionierung in einer bestimmten „Liga" geht, in der ein Kulturbetrieb „spielen" will (oder soll). Beispiele dafür sind: Museen mit einem weltweit beachteten Leitexponat; Theater von herausragendem nationalem Rang; Kulturstätten, die als Weltkulturerbe klassifiziert sind; Konzerthäuser mit einer weltweit anerkannten bzw. aufsehenerregenden Architektur etc.

Grundsätzlich zu unterscheiden sind (1) die Ist-Positionierung, (2) die Solloder Ziel-Positionierung und die (3) Ideal-Positionierung. Die *Ist-Positionierung* zeigt, wie ein Kulturbetrieb sich selbst sieht oder von einzelnen Anspruchsgruppen bzw. der gesamten Öffentlichkeit zum gegenwärtigen Zeitpunkt gesehen wird. Die *Soll-* oder *Ziel-Positionierung* gibt an, wie ein Kulturbetrieb gesehen werden will, also welche Positionierung er mit einem bestimmten Profil anstrebt. Eine *Ideal-Positionierung* zeigt, wo eine bestimmte Zielgruppe ein in ihrer Beurteilung ideales Objekt (z.B. ein besonders besuchenswertes Museum) angesiedelt sieht. Dies alles gilt im Hinblick auf relevante Merkmale, die als Dimensionen der Positionierung und damit als Beurteilungskriterien in Frage kommen. Den entsprechenden Mechanismus eines *Positionierungsmodells* in graphischer Darstellung zeigt das Beispiel in der Abbildung 8 für vier fiktive Museen und zwei ausgewählte Positionierungsdimensionen (eine ähnliche Darstellung findet sich bei Dingenotto 2007, S. 49f.; allgemein zu Positionierung und Strategie siehe Becker 2009).

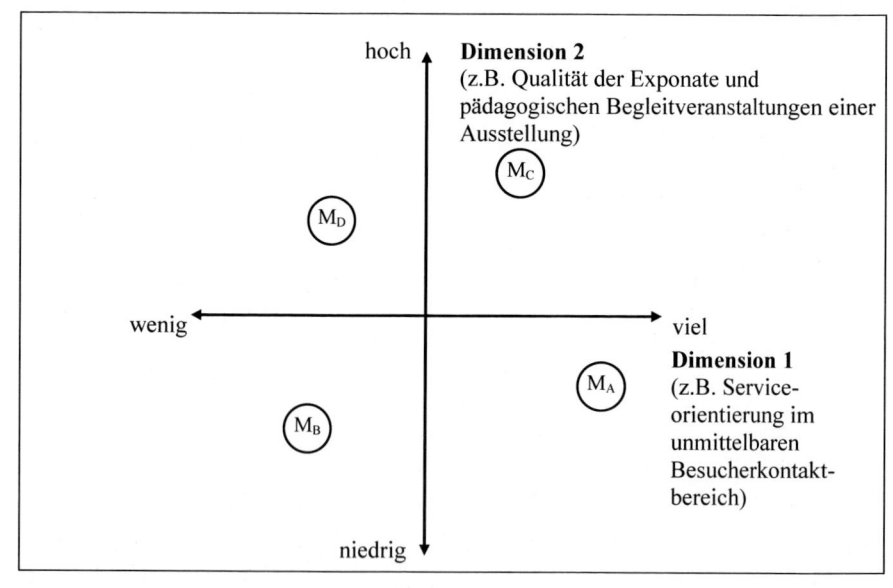

Abb. 8: Zweidimensionale Positionierung von vier Museen

Zur Handhabung eines Positionierungsmodells muss zunächst bestimmt werden, wessen Sicht sich in der Positionierung widerspiegeln soll – Innen- oder Außensicht –, sodann die wichtigsten Kriterien für die Einordnung und Beurteilung der Kulturinstitution durch diese Zielgruppe. Diese Kriterien bilden die Dimensionen in einem so genannten *Positionierungsraum* (Eigenschaftsraum). Da sich mehrdimensionale Einordnungen graphisch weniger leicht darstellen lassen, bilden die meisten gebräuchlichen Modelle eine zweidimensionale Positionierung ab. Es sind dann zwei relevante Beurteilungsdimensionen festzulegen, die

4 Positionierungsentscheidungen im Kulturmarketing

von den relevanten Austauschpartnern als besonders wichtig erachtet werden. Die Dimensionen können allerdings zusammengesetzte Beurteilungskriterien darstellen, die wiederum aus einer Mehrzahl von Indikatoren gebildet werden. Wird z.B. der Grad der Besucherorientierung eines Hauses als Positionierungsdimension herangezogen, dann kann die konkrete Ausprägung, die ein bestimmtes Museum auf einer solchen Dimensionsachse erreicht, mit Hilfe von mehreren Indikatoren (Erreichbarkeit mit ÖPNV, Freundlichkeit der Mitarbeiter, Reaktionszeit auf Anfragen und Beschwerden etc.) gewonnen werden. Diese Indikatorbeurteilungen müssen zu einer Größe zusammengefasst werden (etwa mit Hilfe eines Punktbewertungsverfahrens bzw. Scoring-Modells). Wichtig ist es, mit denjenigen Dimensionen zu arbeiten, die einen Zusammenhang mit den beanspruchten oder vorhandenen Wettbewerbsvorteilen einer Kultureinrichtung besitzen.

Praxisbeispiel Positionierung

In Metropolen wie Berlin mit seinen zahlreichen Profiorchestern und der *Opernstiftung Berlin* oder in Ballungsräumen wie dem Ruhrgebiet, wo auf engem Raum fast sechs Millionen Menschen leben und z.B. die *Philharmonie Essen* und das *Konzerthaus Dortmund* eine halbe Stunde Autofahrt sowie die *Kölner Philharmonie* und die *Tonhalle Düsseldorf* in einer Reichweite von etwa einer Stunde liegen, können Positionierungsbemühungen, das Herausstellen eindeutiger Identitäten und die Besetzung von Nischen existenzsichernd sein.

5 Strategien im Kulturmarketing

5.1 Grundsätzliche Strategieentscheidungen

Strategien sind konsistente Handlungsprogramme, die im Marketing auf die Schaffung von Wettbewerbsvorteilen und eine eindeutige Positionierung eines Kulturbetriebs abzielen. Marketingstrategien stellen das Scharnier zwischen den Marketingzielen („Was will ein Kulturbetrieb erreichen?") und den Marketinginstrumenten („Welche Maßnahmen müssen dazu ergriffen werden?") dar, in dem sie die grundsätzliche Vorgehensweise bzw. den strukturierenden Rahmen vorgeben. Kennzeichnende Elemente von Marketingstrategien sind:

- Sie bestehen aus einem Bündel von Maßnahmen (Marketinginstrumenten),
- sie haben neben dem Zielbezug eine klare Ausrichtung an Nachfrage, Konkurrenz und den Umfeldbedingungen,
- sie enthalten eine eindeutige Stoßrichtung,
- sie haben in der Regel einen langfristigen Charakter,
- sie legen verbindliche Grundsätze für das Verhalten der Beteiligten fest.

Marketingstrategien lassen sich nach verschiedenen Beschreibungsmerkmalen klassifizieren und typologisieren. Becker (2009, S. 352 ff.) hat für das Marketing ein Grundraster von Strategietypen konstruiert, das hier – um drei Ebenen erweitert – vorgestellt werden soll (Abbildung 9). Als wesentlicher Aspekt ist dabei festzuhalten, dass sich ein Kulturbetrieb bei der Formulierung von Marketingstrategien auf *jeder* der sieben Ebenen festlegen muss.

Strategieebene	Art der strategischen Festlegung	Strategische Basisoptionen
1. Marktfeldstrategien	Festlegung der Produkt-/ Markt-Kombination(en)	Gegenwärtige oder neue Produkte in gegenwärtigen oder neuen Märkten (Ansoff-Matrix)
2. Markierungsstrategien	Festlegung des Markenauftritts	Marke (Branding) oder „No Name"
3. Marktstimulierungsstrategien	Bestimmung von Art und Weise der Marktbeeinflussung	Qualitäts- oder Preiswettbewerb
4. Marktparzellierungsstrategien	Art und Grad der Differenziertheit bei der Marktbearbeitung	Undifferenzierte (Massenmarkt) oder differenzierte Marktbearbeitung (Marktsegmentierung)
5. Marktarealstrategien	Bestimmung von Art und Stufen des Markt- bzw. Absatzraumes	Nationale oder internationale Absatzpolitik
6. Netzwerkstrategien	Festlegung von Form, Intensität und Richtung der Zusammenarbeit	Kooperatives oder einzelbetriebliches Handeln
7. Kundenstrategien	Festlegung der Standardisierung von Kundenbeziehungen	Transaktionsorientierte Strategien oder Kundenbindungsstrategie, (Geschäftsbeziehungsmanagement)

Abb. 9: Erweitertes Strategieraster nach Becker (vgl. Becker 2009; Günter 2007)

Auf der ersten Ebene (*Marktfeldstrategien*) ist festzulegen, welche Aktivitätsbereiche das Marketing umfasst. Eine Produkt-Markt-Kombination steckt das jeweilige „strategische Geschäftsfeld" ab, für das eine Strategie gelten soll. Im Theaterbereich kann es sich um die einzelnen, separat geführten Sparten eines Hauses handeln (z.B. Musiktheater, Ballett, Kinder- und Jugendtheater), im Museumswesen um Ausstellungstypen, wie z.B. Dauer- oder Sonderausstellung. Die von Ansoff (1966) genannten Basisoptionen der Marktdurchdringung, Marktentwicklung, Produkt-/Dienstleistungsentwicklung und Diversifikation gelten mit Einschränkungen und Modifikationen auch für Kulturanbieter (vgl. ausführlich hierzu Hausmann 2005, S. 86ff.). Ihr Inhalt ist die Entscheidung, ob sich eine Kultureinrichtung an das bisherige Publikum wendet oder ein neues Publikum erschließt – mit Angeboten, die bisher schon zur Verfügung gestellt wurden (Marktdurchdringung bzw. Marktentwicklung) oder mit neuen Angeboten (Produkt-/Dienstleistungsentwicklung bzw. Diversifikation).

Praxisbeispiel Marktfeldstrategie

Ein Beispiel für die Anwendung einer Marktentwicklungsstrategie bieten die *Berliner Philharmoniker*, die in der Konzertsaison 2011/12 drei Konzerte live in ausgewählten (deutschen und ausländischen) Kinos übertragen ließen (vgl. Berliner Philharmoniker 2012a). Diese Maßnahme ist grundsätzlich geeignet, um mit einem bereits bestehenden Angebot (auch) neue Nachfragersegmente zu erschließen. Denn hierdurch können u.a. Menschen angesprochen werden, die aufgrund von gewissen Hemmschwellen (z.b. vermutete oder tatsächliche Höhe des Eintrittspreises, Unsicherheit bezüglich des „richtigen" Verhaltens oder der „richtigen" Bekleidung) niemals oder nur ungern einen Konzertsaal besuchen würden, die aber keine Zugangsbarrieren bei einem Kinobesuch empfinden (subjektiv größere „soziale Sicherheit").

Auf der zweiten Ebene (*Markierungsstrategien*) muss bestimmt werden, ob und wie sich ein Kulturanbieter als Marke, d.h. als Nutzenbündel mit spezifischen Merkmalen zur Differenzierung gegenüber den Wettbewerbern in der Wahrnehmung der relevanten Adressaten verankern will (vgl. John/Günter 2008 sowie die Ausführungen in Kapitel 5.3).

Die dritte Rasterebene (*Marktstimulierungsstrategien*) umfasst eine Festlegung, die zumindest bei öffentlichen Kulturanbietern nicht unbedingt als sich ausschließende Dichotomie vorkommt: Qualitäts- oder Preisorientierung. Vor allem im Kernbereich von Kulturbetrieben dürfte die Qualitätsorientierung als eine Bedingung „sine qua non" im Hinblick auf die Legitimitätsdiskussion um die öffentliche Förderung kultureller Einrichtungen gelten. Auch bezüglich der Variation von Preisen sind den öffentlichen Kultureinrichtungen – zumindest im Kernbereich – Grenzen gesetzt (vgl. hierzu ausführlich Kapitel 6.2). Allerdings ergeben sich im Bereich der zusätzlichen Serviceleistungen (Gastronomie, Shop, Paketangebote für Bustouristiker etc.) vielfach preispolitische Optionen zur kurzfristigen Marktstimulierung.

Auf der vierten Ebene (*Marktparzellierungsstrategien*) sind Festlegungen bezüglich der gewünschten Zielgruppen zu treffen. Im Rahmen einer differenzierten Marktbearbeitung müssen Strategien der Marktsegmentierung entwickelt werden. Unter Marktsegmentierung wird die Aufteilung eines sich aus einer Vielzahl aktueller und potenzieller Besucher zusammensetzenden (heterogenen) Gesamtmarktes in bezüglich ihres Verhaltens und ihrer Bedürfnisse homogener Besuchergruppen verstanden (siehe ausführlicher hierzu das nachfolgende Kapitel 5.2).

Die fünfte Ebene des Strategierasters betrifft *Marktarealstrategien*, die den präferierten Einzugsbereich abgrenzen. Unter Abwägung von Nutzen und Kosten muss geprüft werden, ob sich eine Kultureinrichtung ausschließlich auf lokale und regionale Besucher konzentrieren oder auch überregionale Zielgruppen ansprechen sollte. Letzteres kommt insbesondere für Einrichtungen mit hoher internationaler Reputation und Bekanntheit in Frage, wie z.B. die *Dresdener Kunstsammlungen*, die *Bayerische Staatsoper*, die *Bregenzer Festspiele* oder die *Berliner Museumsinsel*, die ihren Einzugsbereich international ausweiten und so u.a. auch die in der Regel höhere Preisbereitschaft von Kulturtouristen abschöpfen können (siehe hierzu Kapitel 6.2).

Auf der sechsten Ebene ist zu klären, ob ein Anbieter allein (einzelbetrieblich) am Markt auftreten will oder in Kooperation mit anderen Kultur-, Freizeit- oder sonstigen Dienstleistungsanbietern (*Netzwerkstrategie*). Derartige Netzwerke sind in Zeiten knapper öffentlicher Haushalte strategisch besonders erwägenswert, da durch die Bündelung von Ressourcen und Know-how Kosten gesenkt und manche Angebote überhaupt erst möglich gemacht werden können (vgl. Kapitel 5.5).

Die siebte Ebene der *Kunden-* bzw. *Besucherstrategie* betrifft schließlich die Frage, ob sich eine Kultureinrichtung an wechselnde, weitgehend anonyme Gelegenheitskunden wendet und eine über einen Einzelbesuch hinausgehende Beziehung nicht geschaffen werden kann, z.B. weil das Publikum einer Einrichtung vorrangig von außerhalb stammt – wie z.B. im Jüdischen Museum in Berlin, wo 57% der Besucher internationale und 32% nationale Kulturtouristen sind (vgl. Dillmann 2007, S. 63). Oder ob das Ziel entsprechender Marketingmaßnahmen die Loyalität und Verbundenheit der Besucher zu „ihrer" Einrichtung ist, eine entsprechende Besucherbindung erreicht werden soll und die Marketingaufgabe in der Etablierung und Aufrechterhaltung stabiler Kundenbeziehungen besteht („Relationship Marketing").

In Abhängigkeit davon, welche Strategie auf den verschiedenen Ebenen ausgewählt wird, entsteht ein – siebenteiliges – Strategie"set", aus dem sich ablesen lässt, über welche strategische Ausrichtung das Marketing eines Kulturanbieters verfügt.

5.2 Marktsegmentierung

Die Marktsegmentierung gilt als eine der wichtigsten strategischen Optionen des Marketing (allgemein hierzu z.B. Freter 2008). Im Kulturbereich geht es dabei um die Frage, ob sich z.B. eine Galerie, ein Theater oder eine Kleinkunstbühne undifferenziert an die Kunden wendet oder ob spezifische Angebote für einzelne

5 Strategien im Kulturmarketing

Zielgruppen geschaffen werden. Wie im vorstehenden Kapitel besprochen, wird bei der Marktsegmentierung ein gegebener oder potenzieller, heterogener Gesamtmarkt in Teilmärkte (Segmente) zerlegt, die homogener als der Gesamtmarkt auf bestimmte Angebote und absatzpolitische Aktivitäten reagieren (vgl. Meffert et al. 2012, S. 186ff.).

Die Marktsegmentierung soll damit unterschiedlichen Bedürfnissen und Interessen von Besuchern – z.B. bedingt durch unterschiedliche Vorkenntnisse, Besuchsanlässe oder -motive – Rechnung tragen. Die Ziele einer Marktsegmentierungsstrategie liegen in dem Bestreben, die Besucher mit ihren individuellen Anforderungen ernst(er) zu nehmen, sie dadurch leichter zu akquirieren und zu binden, durch eine bessere Anpassung an die Besucherbedürfnisse ggf. höhere Einnahmen zu erzielen sowie insgesamt eine bessere Abgrenzung gegenüber den Wettbewerbsangeboten zu gewährleisten. Insgesamt soll zwischen den angebotenen Leistungen einer Kultureinrichtung und den Bedürfnissen der (potenziellen) Zielgruppen eine möglichst hohe Kongruenz hergestellt werden.

Ein wesentliches Erfordernis für die Durchführung einer Marktsegmentierung ist allerdings, dass die aktuellen und potenziellen Besucher (deutlich) erkennbare Unterschiede im Besuchs- bzw. Nutzungsverhalten und in ihrer Reaktion auf die verschiedenen Marketinginstrumente aufweisen. Sind diese Voraussetzungen nicht erfüllt, weil ein Kulturveranstalter beispielsweise über ein sehr homogenes Publikum verfügt, so ist die Besuchersegmentierung wenig sinnvoll. Darüber hinaus gibt es weitere Fälle, in denen von einer Marktsegmentierungsstrategie abzuraten ist: Etwa dann, wenn die Kosten der zielgruppenspezifischen Bearbeitung (z.B. für die Schaffung besonderer Angebotspakete für Kulturtouristen) die hierdurch (zusätzlich) erzielbaren Erlöse übersteigen. Entsprechend müssen durch die Besuchersegmentierung *hinreichend große* und *ökonomisch interessante* sowie im zeitlichen Ablauf *stabile* Marktsegmente entstehen.

Folgende Aspekte sind Bestandteile erfolgreicher Marktsegmentierung:

- *Informationsaspekt*: In einem ersten Schritt sind die (potenziellen) Zielgruppen mit ihrem jeweiligen Verhalten und ihren Bedürfnissen zu identifizieren und voneinander abzugrenzen. Die Identifikation der Adressaten nach Zugehörigkeit zu den Marktsegmenten ist eine Informationsaufgabe und damit Gegenstand der Marktforschung bzw. Besucheranalyse (vgl. Kapitel 2).

- *Entscheidungs- bzw. Selektionsaspekt*: Es muss entschieden werden, welche der identifizierten Zielgruppen tatsächlich spezifisch bearbeitet werden sollen. Die Auswahl erfolgt unter Berücksichtigung von im Kulturbetrieb verfügbaren Ressourcen und Kapazitäten sowie Größe, Erreichbarkeit und Ergiebigkeit der potenziellen Marktsegmente.

- *Aktionsaspekt*: Die Umsetzung der Marktsegmentierungsstrategie in konkretes Handeln kann mit Hilfe der Instrumente des Marketing und ihrer Kombinationen im so genannten „Marketingmix" geschehen (vgl. Kapitel 6). Jedes Marketinginstrument (z.B. Preispolitik) kann einheitlich für alle Zielgruppen oder differenziert nach Segmenten eingesetzt werden.

Nach welchen Kriterien lassen sich Zielgruppen nun abgrenzen und tragfähige Marktsegmente identifizieren? Eine erste Gruppe von Kriterien der Marktsegmentierung sind *soziodemographische* und *geographische* Merkmale, eine zweite solche, die *psychographische* Merkmale umfassen. Zum dritten kommen spezielle, für Kulturaktivitäten nachgewiesene oder zumindest vermutete *Verhaltensmerkmale* und *Nutzenvorstellungen* in Betracht. Tabelle 2 zeigt mögliche Segmentierungsmerkmale im Überblick (ausführlicher hierzu Koch 2002; Meffert et al. 2012).

Soziodemographische/-ökonomische Marktsegmentierung	
Demographische Merkmale	Geschlecht, Alter, Familienstand, Zahl der Kinder, Haushaltsgröße
Ökonomische Merkmale	Beruf, Ausbildung, Einkommen
Geographische Marktsegmentierung	
Makrogeographische Merkmale	Länder, Bundesländer, Regionen, Gemeinden, Städte
Mikrogeographische Merkmale	Ortsteile, Wohngebiete, Straßenabschnitte („Nachbarschafts-Affinität")
Psychographische Marktsegmentierung	
Allgemeine Persönlichkeitsmerkmale	Lebensstil (Aktivitäten, Interessen, allgemeine Einstellungen), soziale Orientierung, Risikoneigung
Kulturproduktspezifische Merkmale	Besuchsanlässe, -motive, -absicht
Verhaltensorientierte Marktsegmentierung	
Nutzungsintensität/Besuchshäufigkeit (Stamm-, Wiederholungs-, Erstbesucher), Informationsverhalten/Mediennutzung, Kommunikationsverhalten, Preissensitivität, Präferenz bei Kulturprodukten (Markentreue, Bevorzugung bestimmter Kulturanbieter bzw. -sparten)	
Nutzenorientierte Marktsegmentierung	
Qualitätsnutzen, Imagenutzen, Servicenutzen, symbolischer Nutzen etc.	

Tab. 2: Kriterien der Marktsegmentierung im Kulturbereich

5 Strategien im Kulturmarketing 43

Bei der Beurteilung des Erfolgs einer Marktsegmentierungsstrategie ist zu prüfen, ob die differenzierten Angebote für einzelne Zielgruppen helfen, die vorab formulierten Marketingziele (Kapitel 3) zu erfüllen. Wie bereits erwähnt, muss gleichzeitig die Wirtschaftlichkeit dieser Marketingstrategie im Blick behalten werden. Dies geschieht – als Aufgabe des Marketingcontrolling (Kapitel 10) – mit Hilfe einer so genannten *Absatzsegmentrechnung*. Dabei werden einem Segment (z.B. Kulturtouristen) die von ihm verursachten Erlöse und Kosten zugerechnet und einander gegenübergestellt. Zusätzlich können qualitative Ergebnisse im Sinne qualitativer Outputs (z.B. Besucherzufriedenheit) Berücksichtigung finden, wenn zu entscheiden ist, ob bestimmte zielgruppenspezifische Angebote sinnvoll sind oder nicht. Die wichtigsten Vor- und Nachteile einer Strategie der differenzierten Marktbearbeitung und damit der Marktsegmentierung sind in Abb. 10 zusammengefasst.

Marktsegmentierung

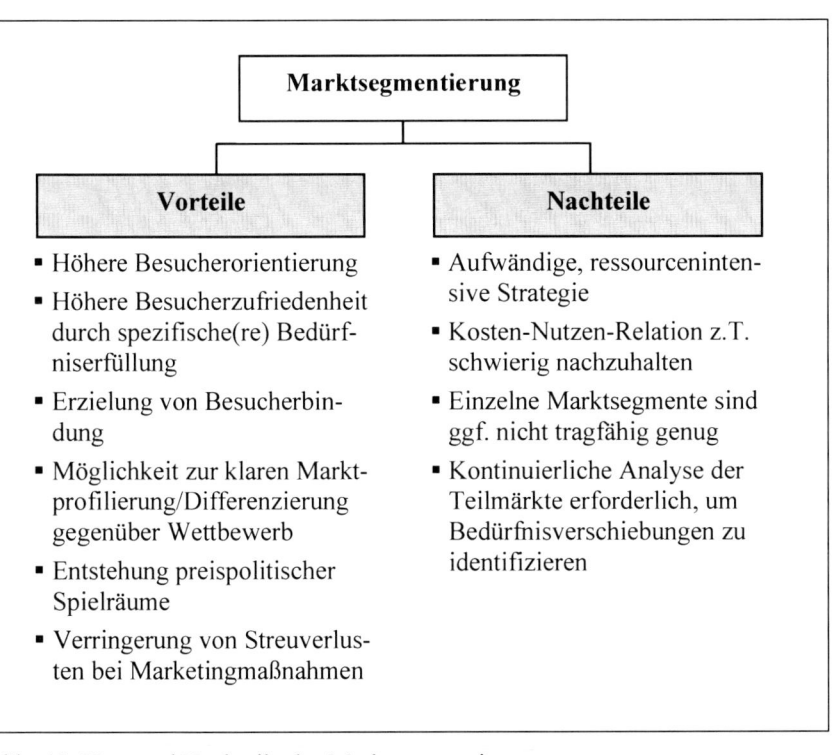

Vorteile	Nachteile
▪ Höhere Besucherorientierung	▪ Aufwändige, ressourcenintensive Strategie
▪ Höhere Besucherzufriedenheit durch spezifische(re) Bedürfniserfüllung	▪ Kosten-Nutzen-Relation z.T. schwierig nachzuhalten
▪ Erzielung von Besucherbindung	▪ Einzelne Marktsegmente sind ggf. nicht tragfähig genug
▪ Möglichkeit zur klaren Marktprofilierung/Differenzierung gegenüber Wettbewerb	▪ Kontinuierliche Analyse der Teilmärkte erforderlich, um Bedürfnisverschiebungen zu identifizieren
▪ Entstehung preispolitischer Spielräume	
▪ Verringerung von Streuverlusten bei Marketingmaßnahmen	

Abb. 10: Vor- und Nachteile der Marktsegmentierung

Praxisbeispiel Marktsegmentierung

Es ist deutlich geworden, dass Segmentierungsentscheidungen eng mit Marktforschungsaktivitäten zusammenhängen. Vor allem aus Besucheranalysen lassen sich wertvolle Hinweise für einen segmentspezifischen Marketingmix ableiten. So konnte z.B. die *Staatsoperette Dresden* in einer breit angelegten Studie eruieren, dass die Mehrheit ihrer Besucher älter, weiblich und gut gebildet ist. Zudem stammt ein Großteil der Besucher aus Dresden, ein Viertel des Publikums wohnt in den umliegenden Kreisen; eine deutliche Mehrheit der Befragten sind Stammbesucher (vgl. Staatsoperette Dresden 2008, S. 23ff.). Die Segmente Kulturtouristen, jüngere Menschen und Erst- bzw. Gelegenheitsbesucher werden damit bislang nur unterproportional vom Marketing des Hauses angesprochen.

5.3 Branding – Kulturanbieter als Marke

Aus dem kommerziellen Marketing ist bekannt, dass markierte Produkte wie *Nivea*, *Coca Cola* oder das *IPhone* einen hohen Identifikations- und Wiedererkennungswert haben, besondere Anziehungskraft auf Erstkäufer ausüben und die Bindung von Kunden erleichtern. Diese Wirkungen der Markenbildung und -führung, des so genannten „Branding", lassen sich auch von Kulturanbietern nutzen. „Marken sind Vorstellungsbilder in den Köpfen der Anspruchsgruppen, die eine Identifikations- und Differenzierungsfunktion übernehmen und das Wahlverhalten prägen" (Esch 2011, S. 22). Eine starke Marke repräsentiert eine Art „Persönlichkeit" mit einem erkennbaren, unterscheidbaren Charakter, sie steht für Kompetenz und das Einhalten von Versprechen (vgl. Hausmann 2006a; Rohde 2007; John/Günter 2008; Rentschler/Hede 2007).

Die Markenstrategie stellt darauf ab, Präferenzen bei den gewünschten Adressaten zu erzeugen oder zu verstärken. Dies soll dadurch erreicht werden, dass ein unverwechselbares, in den Köpfen der Zielgruppen fest verankertes *Profil* erzeugt wird; eine Marke ist damit grundsätzlich mehr als ein Name, Zeichen, Design oder Symbol (vgl. Homburg 2009, S. 610). Wie Abb. 11 verdeutlicht, unterscheiden sich die Funktionen einer Marke je nach Perspektive des Betrachters (Kulturanbieter oder -nachfrager). Im Kern lässt sich zusammenfassen, dass eine starke Marke dem Nachfrager mehr bietet als die reine Inanspruchnahme bestimmter Leistungen: Sie ermöglicht ihm Orientierung bei der Auswahl zwischen verschiedenen Kulturangeboten, schafft Vertrauen sowie Möglichkeiten zur Identifikation und ermöglicht einen emotionalen Zusatzreiz bzw. Mehrwert („added value"). Dem Anbieter gibt sie die Gelegenheit zur Differenzierung und

5 Strategien im Kulturmarketing

Profilierung gegenüber dem Wettbewerb bzw. Angeboten mit demselben Basisnutzen (Kultur, Bildung, Unterhaltung etc.) und sie erleichtert die Bildung von Präferenzen und Loyalität (Besucherbindung).

Gemäß neuester Erkenntnisse aus der Marketingwissenschaft gilt die *identitätsbasierte Markenführung* als besonders zielführend im Hinblick auf die Ziele des Markenmanagement (vgl. Meffert et al. 2012, S. 359ff.). Bei diesem Konzept wird die Outside-In-Perspektive (Fremdbild der externen Zielgruppen: z.B. Besucher einer bestimmten Kultureinrichtung) um die Inside-Out-Perspektive (Selbstbild der internen Zielgruppen einer Kultureinrichtung: z.B. der Mitarbeiter) ergänzt. Während erstere das „Markenimage" widerspiegelt, d.h. das bei den Besuchern verankerte Vorstellungsbild zu einer Kulturmarke, stellt letztere die so genannte „Markenidentität" (Markenkern) dar. Diese umfasst jene Merkmale einer Kulturmarke, die aus Sicht der Führungskräfte und Mitarbeiter in nachhaltiger Weise den Charakter dieser Marke prägen.

Funktionen aus Sicht der Kultureinrichtung	**Funktionen aus Sicht des Kulturnachfragers**
• Differenzierung vom Wettbewerb und Qualitätssignal • Präferenzbildung bei Besuchern und Schaffung von Loyalität/Verbundenheit • Schaffung von Markteintrittsbarrieren für Wettbewerber • Generierung eines preispolitischen Spielraums • Schaffung einer Plattform für neue Produkte (Einführung unter etablierter Kulturmarke)	• Orientierungshilfe und Erleichterung von Informationsaufnahme und -verarbeitung, Wiedererkennung • Qualitätssignal und Risikoreduktion • Vermittlung eines Erlebnis-/Image-/Prestigewertes; emotionale Zusatzreize • Möglichkeit zur Selbstdarstellung (der Individualität, Gruppenzugehörigkeit oder

Abb. 11: Mögliche Funktionen von Kulturmarken (in Anlehnung an Homburg 2009, S. 611).

Praxisbeispiele Kulturmarken

Gute Beispiele für Markenstrategien im Bereich der darstellenden Künste sind das *Tanztheater Pina Bausch*, die *Schaubühne* am Halleschen Ufer, das *Teatro alla Scala* in Mailand („Scala") oder die *Metropolitan Opera* in New York (die „MET"). Im Museums- und Ausstellungsbereich liefern international das *Museum of Modern Art* („MoMa") und das *Guggenheim Museum* Beispiele für gute Markenstrategien. Auch die *Kunst- und Ausstellungshalle der Bundesrepublik Deutschland* in Bonn verfügt durch den Einsatz verschiedener Elemente, z.b. der Präsentation von entsprechend gekennzeichneten Ausstellungsreihen, über eine stringente Markenstrategie. Eine besonders spektakuläre Version der Markenstrategie ist der entgeltliche Erwerb der Rechte am Namen des *Louvre* durch den Staat Abu Dhabi im Jahr 2007.

5.4 Besucherbindung

Ziel einer Besucherbindungsstrategie ist der Aufbau stabiler, auf Vertrauen beruhender Beziehungen zwischen einem Kulturbetrieb und seinen Besuchern (vgl. Günter/John 2000; Klein 2008; Laukner 2008). Die Vorteile solcher Beziehungen ergeben sich u.a. aus einem aktiveren Weiterempfehlungsverhalten und einer höheren Wiederbesuchswahrscheinlichkeit. Notwendige Voraussetzung für die Erreichung von Besucherbindung ist zunächst besucherorientiertes Verhalten auf Seiten des Kulturanbieters (allgemein hierzu Eggert 1999). Gelingt es diesem, durch entsprechende zielgruppenspezifische Maßnahmen die Erwartungen der Besucher zu erfüllen oder gar zu übertreffen, so kann davon ausgegangen werden, dass sich auf Seiten der Besucher Zufriedenheit einstellt. Am vorläufigen Ende dieser Wirkungskette entsteht dann Besucherbindung, denn zufriedene Besucher sind eher als andere bereit, wiederzukommen, ihren Familien-, Freundes- oder Kollegenkreis positiv zu beeinflussen, sich aktiv für „ihre" Kultureinrichtung zu engagieren (z.B. im Freundeskreis) und sich weniger empfänglich für Wettbewerbsangebote zu zeigen. Gleichwohl führt Besucherzufriedenheit nicht zwangsläufig zu Besucherbindung, etwa dann, wenn Kulturtouristen im Urlaub ein historisches Stadtfest oder eine herausragende Welterbestätte besucht haben oder Besucher aus anderen Gründen (Wohnortwechsel, berufliche oder private Veränderungen etc.) einen wiederholten Besuch einer Einrichtung bzw. Veranstaltung oder die erneute Nutzung eines kulturellen Angebots nicht (mehr) in Erwägung ziehen können.

5 Strategien im Kulturmarketing

Unter Berücksichtigung der Gründe für die Bindung von Besuchern lassen sich zwei Strategien unterscheiden (vgl. Tab. 3). Die *Verbundenheitsstrategie* strebt eine Bindung der Besucher und Nutzer von Kultureinrichtungen über psychologische Determinanten – vor allem Besucherzufriedenheit – an. Durch die Verbundenheit eines Besuchers mit „seinem" Kulturbetrieb wird eine freiwillige Bindung hergestellt, die auf einer vom Besucher wahrgenommenen Vorteilhaftigkeit der Beziehung zu einer bestimmten Kultureinrichtung im Vergleich zur Nichtexistenz dieser Beziehung und/oder zu Beziehungen mit anderen Kultur- und Freizeiteinrichtungen zurückzuführen ist. Kurzum: Der Besucher ist in einem solchen Ausmaß mit dem Kulturbetrieb und seinen Leistungen zufrieden, dass er gar nicht wechseln will.

Demgegenüber wird die Besucherbindung bei der *Gebundenheitsstrategie* durch den Aufbau von Wechselbarrieren realisiert: Die Gebundenheit bezeichnet einen Bindungszustand, der für einen bestimmten Zeitraum fixiert ist. Auch wenn der Besucher in diesen Zustand freiwillig eingetreten ist, bleibt er innerhalb dieses Zeitraums aufgrund bestimmter Parameter in seiner Entscheidungsfreiheit eingeschränkt. Solche Parameter können vertraglicher und ökonomischer Art sein (v.a. durch den Kauf von Abonnements und Jahreseintrittskarten werden für den Besucher Wechselbarrieren aufgebaut).

	Verbundenheitsstrategie	**Gebundenheitsstrategie**
Besucherbindende Aktivitäten des Kulturbetriebs:	Management der Besucherzufriedenheit und des Besuchervertrauens	Aufbau von Wechselbarrieren für den Besucher
Bindungswirkung:	Besucher will nicht wechseln	Besucher kann nicht (so leicht) wechseln
Freiheit des Besuchers:	uneingeschränkt	eingeschränkt
Bindungsinteresse:	geht vom Besucher aus	geht vom Kulturbetrieb aus
Bindungszustand des Besuchers:	Verbundenheit	Gebundenheit
Resultat:	Zufriedenheit	(Un-)Zufriedenheit

Tab. 3: Ver- und Gebundenheitsstrategie

Zusammenfassend lässt sich festhalten: Gelingt es weder, den Nachfrager emotional noch über den Aufbau von Wechselbarrieren an eine Kultureinrichtung zu binden, so wird dieser einen Anbieterwechsel in Betracht ziehen und bei seinem nächsten Kulturbesuch – vorausgesetzt, es sind entsprechende Alternativen vorhanden und erreichbar – zu einem Wettbewerber abwandern.

Praxisbeispiele Besucherbindung

Mit dem Kunstklub bietet die *Staatsgalerie Stuttgart* jungen Kunstfreunden zwischen 20 und 40 Jahren ein Forum, in dem sie in entspannter Lounge-Atmosphäre über Kunst, Kultur und Medien sprechen können. Die Gesprächspartner sind Mitarbeiter des Museums, etablierte oder noch unentdeckte Künstler, Sammler, Galeristen sowie Persönlichkeiten aus anderen kulturellen Bereichen wie Film, Theater und Literatur. Außerdem gehören im Rahmen dieser Bindungsstrategie spezielle Führungen durch das Museum sowie Kunsttouren zu anderen Ausstellungen, Privatsammlungen, Galerien und Museen in Stuttgart und anderen Städten zum Programm (vgl. Kunstklub 2012).

Kulturanbieter im Bereich der Darstellenden Kunst und Musik, wie z.B. die *Kölner Philharmonie*, versuchen ihre Besucher u.a. über besonders zielgruppenspezifisch ausdifferenzierte und einfallsreiche Abonnements zu binden: Neben einer Reihe für mit der Bandbreite klassischer Musik unerfahrene Besucher („Philharmonie für Einsteiger") finden sich z.B. Reihen für Kinder („Kinder-Abos"), Reihen für bestimmte Tage und Zeiten („Kölner Sonntagskonzerte") oder Reihen mit (noch) unbekannten Künstlern („Rising Stars") (vgl. Kölner Philharmonie 2012).

Abschließend soll mit dem *Beschwerdemanagement* auf ein Instrument eingegangen werden, das in engem Zusammenhang mit der Besucherbindung steht (allgemein hierzu Stauss/Seidel 2007; Günter 2012). Wie bereits erwähnt, lassen sich in erster Linie zufriedene Besucher binden und für ein positives Weiterempfehlungsverhalten gewinnen. Das Ziel einer Kultureinrichtung muss es daher sein, Unzufriedenheit beim Besucher möglichst zu vermeiden oder zumindest zu begrenzen. Getreu dem Grundsatz „nobody is perfect" sollte Unzufriedenheit, die trotz aller Bemühungen auf Seiten des Besuchers entstanden ist, durch entsprechende Maßnahmen des Beschwerdemanagement kanalisiert und – sofern möglich – beseitigt werden, damit Besucher nicht zu einem Wettbewerber abwandern. Beschwerdemanagement ist damit einzuordnen in die oben beschriebene Wirkungskette, die sich von der Besucherorientierung über die Besucherzufriedenheit zur Besucherbindung erstreckt (vgl. Hausmann 2001; 2005). Beschwerden sind in diesem Kontext alle auf Unzufriedenheit des Besuchers im Hinblick auf seine Behandlung durch den Kulturanbieter basierenden Äußerungen.

Tatsache ist allerdings, dass die wenigsten Besucher ihren Unmut der Kultureinrichtung gegenüber offen äußern. Daher ist es notwendige Aufgabe z.b. einer Bibliothek oder Galerie, eines Kinos oder Literaturhauses, entsprechende Feedback-Kanäle (z.b. Besucherbücher, Besucherforen, Fokusgruppen, Beschwerdekasten) eigeninitiativ zu öffnen und den Besuchern die Möglichkeit zu geben, ihre Unzufriedenheit als konstruktiven Beitrag für die Entwicklung hin zum besucherorientierten Kulturbetrieb zu verstehen und an die Einrichtung heranzutragen. Selbstverständlich impliziert ein professionelles Beschwerdemanagement die regelmäßige Auswertung und zeitnahe Beantwortung von Beschwerdebriefen; beides gehört in bestimmten Fällen sogar in den Verantwortungsbereich der Leitung. Darüber hinaus sollte vor allem den Mitarbeitern im unmittelbaren Besucherkontakt ein entsprechender Handlungsspielraum eingeräumt werden, auf einzelne Beschwerden ohne Rücksprache mit dem Management reagieren zu können (z.b. durch Ausgabe von Freikarten für einen nächsten Besuch, Gutscheine für die Gastronomie). Ein solches *Empowerment* führt zu mehr Eigenverantwortlichkeit und einer schnellen Reaktionszeit, was zumindest im Servicebereich einer Kultureinrichtung zu befürworten ist (vgl. ausführlicher hierzu Kapitel 9). Insgesamt liegt der Vorteil des Beschwerdemanagement neben der Wiederherstellung von Zufriedenheit und einer Verbesserung der Einstellung des Beschwerdeführers gegenüber der Kultureinrichtung auch in der Schaffung akquisitorischer Effekte. So wird der ehemals unzufriedene Besucher möglicherweise dazu angeregt, seine positive „Zweiterfahrung" mit der Kultureinrichtung anderen zu erzählen.

5.5 Kooperationen

Das Eingehen von Kooperationen ist im Kulturbereich eine zwangsläufig notwendige Strategie, um trotz schwieriger finanzieller Rahmenbedingungen und dünner Personaldecke langfristig im Wettbewerb bestehen zu können. Hierzu geeignete Partner können sowohl andere Kulturinstitutionen als auch andere öffentliche Organisationen (z.b. Stadmarketing) und private Unternehmen (z.b. Einzelhandel) sein (siehe vertiefend zum Thema Föhl/Huber 2004; Föhl 2011). Mit dem Eingehen von Kooperationen sind verschiedene Vorteile verbunden; zu den wichtigsten aus Sicht des Kulturmarketing gehören:

- *Aufgabenrealisierung*: Durch eine Bündelung knapper Ressourcen und unterschiedlicher Kompetenzen im Marketing (Budget, Personal, Knowhow etc.) können bestimmte Aufgaben überhaupt erst realisiert werden

(Umsetzung gemeinsamer Vermarktungskonzepte, Schaffung einer Online-Plattform, Bearbeitung bestimmter Marktsegmente etc.).

- *Spezialisierungsvorteile/Synergieeffekte*: Durch die Bündelung dieser Ressourcen und Kompetenzen lassen sich Spezialisierungsvorteile und Synergieeffekte realisieren und eine Mehrfacharbeit wird vermieden. Dies wirkt sich wiederum kostensenkend aus.

- *Erweiterung des Leistungsangebots und Qualitätsverbesserung:* Durch aufeinander abgestimmte Aktionen verschiedener Kooperationspartner kann die Qualität der angebotenen Leistungen insgesamt verbessert, das Leistungsspektrum erweitert (z.b. durch Kombitickets, Regio-Cards, kulturtouristische Angebote etc.) und die Marktchancen für alle Beteiligten können erhöht werden.

- *Akquisition von Fördergeldern und Projektmitteln:* Durch Kooperationen mit örtlichen und regionalen Partnern können bestimmte Fördergelder beansprucht werden, zu denen ansonsten kein Zugang bestünde. Gleichzeitig wird durch diese Zusammenarbeit die Vernetzung unterschiedlicher Standorte gefördert.

- *Fachlicher Austausch:* Zu diesem Kooperationsziel gehören zum Beispiel die Beratung und der Erfahrungsaustausch in Marketing-, Finanzierungs- und Organisationsfragen sowie die Durchführung von Benchmarkingprojekten.

Grundsätzlich lassen sich drei übergeordnete Arten von Kooperationen unterscheiden:

1. *Horizontale Kooperationen* finden zwischen Marktteilnehmern der gleichen Wertschöpfungsstufe statt, die ansonsten miteinander im Wettbewerb stehen und ähnliche Produkte (Unterhaltung, Bildung, Freizeitgestaltung etc.) anbieten bzw. ähnliche Zielgruppen (z.B. kultur- oder freizeitinteressierte Personen) ansprechen. Dies sind im Kulturbereich v.a. andere Kultureinrichtungen, aber auch andere Einrichtungen der Freizeit- und Unterhaltungswirtschaft.

Praxisbeispiel Kooperation

Eine weitreichende, grenzüberschreitende Kooperation auf horizontaler Ebene stellt das Projekt *Crossart – Route moderner Kunst* dar, eine deutsch-niederländische Partnerschaft zehn ausgewählter Museen in der Grenzregion

5 Strategien im Kulturmarketing

Niederrhein/Niederlande, die zeitgenössische Kunst und klassische Moderne, Natur und Architektur in sich vereinen, und sich mit einer eigenen Website, konkreten Tourenvorschlägen und verschiedenen Leistungspaketen (inkl. Gastronomie und Hotellerie) für Individualreisende und Reiseveranstalter gemeinsam und umfassend kulturtouristisch vermarkten (vgl. Crossart 2012).

2. Bei *vertikalen Kooperationen* verbinden sich Betriebe aufeinander folgender Produktionsstufen in Wertschöpfungspartnerschaften miteinander. Durch eine so genannte Vorwärtsintegration mit Abnehmern (z.B. Besucherorganisationen von Theatern oder Anbietern kulturtouristischer Leistungspakete) wird der Absatz gesichert, durch eine Rückwärtsintegration mit Lieferanten die Versorgung mit notwendigen Ressourcen.

3. Im Rahmen der *diagonalen (lateralen) Kooperation* finden Partner zusammen, die sich ansonsten auf unterschiedlichen Geschäftsfeldern betätigen, damit in keiner Wertschöpfungsbeziehung zueinander stehen und nur anlässlich der Zusammenarbeit in einem gemeinsamen Teilbereich tätig werden. Ein typisches Beispiel für diagonale Kooperationen im Kulturbereich ist das Sponsoring bzw. die Zusammenarbeit mit Unternehmen, die Geld- oder Sachmittel bzw. Dienstleistungen zur Verfügung stellen, um dafür vom Kulturbetrieb Unterstützung im Bereich Marketing zu erhalten (vgl. Kapitel 9.1). So lässt sich beispielsweise das aufwändige Projekt „digital concert hall" der *Berliner Philharmoniker* nur durch eine solche diagonale Kooperation mit der Deutschen Bank realisieren (vgl. das Praxisbeispiel in Kapitel 6.2).

Das Eingehen von Kooperationen setzt allerdings einen realistischen Blick voraus. Denn eine Partnerschaft verläuft nicht per se erfolgreich. Vielmehr finden sich zahlreiche Gründe, warum eine Zusammenarbeit nicht klappt; diese lassen sich den drei Bereichen des Nicht-Könnens, Nicht-Dürfens und Nicht-Wollens zuordnen:

- Das *Nicht-Können* resultiert aus der Tatsache, dass finanzielle und/oder personelle Ressourcen fehlen (z.B. Zeit, um Partner zu suchen, Gespräche zu führen und Kooperationsfelder auszuloten).
- Beim *Nicht-Dürfen* geht es darum, dass das Eingehen von Kooperationen aufgrund von administrativen Regelungen (Wer ist z.B. für die Ansprache möglicher Medienpartner oder Sponsoren im Haus zuständig? Ausschließlich die Leitung? Andere Mitarbeiter, z.B. aus dem Marketing?) oder auf-

grund fehlender Zuweisung von Entscheidungs- und Handlungskompetenzen (indem z.b. einem mit der Kooperationsanbahnung betrauten Mitarbeiter wichtige Handlungskompetenzen vorenthalten werden) scheitert.

- Die Barriere des *Nicht-Wollens* liegt dann vor, wenn eine im Individuum verankerte mentale Barriere zu (bewusstem bzw. unbewusstem) Widerstand gegenüber dem Eingehen von Kooperationen führt (z.b. bei einer Kooperation mit einem kommerziellen Unternehmen als Hauptsponsor, dem die Absicht unterstellt wird, Eingriff in die fachliche Arbeit nehmen zu wollen). Dabei wiegt dieser Umstand umso schwerer, je wichtiger der Mitarbeiter für den Erfolg der Zusammenarbeit ist. Gleichzeitig sollte nicht unterschätzt werden, dass auch die von einer Kooperation nur mittelbar tangierten Mitarbeiter durch entsprechendes Verhalten (z.b. Zurückhalten wichtiger Informationen) der Kooperation schaden können.

Neben diesen möglichen Barrieren, die vor dem Eingehen einer Kooperation richtig eingeschätzt – und ggf. abgebaut – werden sollten, müssen die Risiken sorgfältig kalkuliert werden, die sich aus Kooperationen ergeben können. Hier lassen sich zum Beispiel nennen: Verwischen individueller Stärken, unterschiedliche Kulturen und daraus resultierende Konflikte, unterschiedliche Planungshorizonte, gegensätzliche Interessen und Bedürfnisse, Qualitätseinbußen aufgrund unterschiedlicher Standards, Mehrkosten durch erhöhten Abstimmungsbedarf. Um diesen Risiken vorzubeugen, sollten im Vorfeld entsprechende Maßnahmen ergriffen werden. Neben der Fixierung vertraglicher Regelungen zu den jeweiligen Leistungen und Gegenleistungen der Partner gilt es insbesondere, bereits bei der Auswahl sorgfältig vorzugehen und anhand eines Kriterienkataloges jene Kandidaten herauszufiltern, die für eine erfolgreiche Zusammenarbeit besonders geeignet erscheinen.

6 Instrumente im Kulturmarketing

6.1 Leistungspolitik

6.1.1 Kern- und Zusatzleistungen

Das Angebot von Kulturanbietern setzt sich aus einem Bündel von vielfältigen Teilleistungen zusammen, die zur Befriedigung eines oder mehrerer Bedürfnisse (z.b. Auseinandersetzung mit Kunst und Kultur, Bildung, sinnvolle Freizeitgestaltung, interessante „Location" für ein Treffen mit Freunden) von Nachfragern kombiniert werden. Innerhalb dieses Leistungsbündels lassen sich so genannte Kern- und Zusatzleistungen unterscheiden, wobei die Zuordnung einzelner Leistungen nicht immer überschneidungsfrei erfolgen kann (für eine ausführliche Diskussion hierzu vgl. Hausmann 2001, S. 46ff.). Grundsätzlich können jedoch zum *Kernbereich* jene Leistungen gezählt werden, die maßgeblich den Aufgabenbereich von Kultureinrichtungen konstituieren: Dies sind z.B. Ausstellungen bei Museen, Aufführungen bei Theatern und Konzerte bei Orchestern. Aber auch Leistungen der Dramaturgie oder der Pädagogik bzw. Vermittlung von Kulturbetrieben können den so genannten „core/primary products" zugerechnet werden.

Neben diesen Kernleistungen enthält das Leistungsbündel von Kultureinrichtungen Produkte und Dienstleistungen aus dem so genannten *Zusatzbereich* (so genannte „secondary/augmented products"). Hierzu gehören z.b. Shop, Gastronomie, Kinderbetreuung oder Internet- bzw. Social Media-Angebote. Diese zusätzlichen, die Kernleistungen ergänzenden oder abrundenden Angebote tragen zur Generierung eines (Mehr-)Werts bei, der nicht allein durch die Kernleistung begründet werden kann. Sie dienen außerdem der Abgrenzung gegenüber anderen Wettbewerbern mit ähnlichen Kulturangeboten. Zusatzleistungen dürfen in ihrer Bedeutung für die Zufriedenheit der Besucher mit ihrem Aufenthalt insgesamt nicht unterschätzt werden, denn der Kern- und Zusatzbereich sind grundsätzlich eng miteinander verwoben: Sie bilden zusammen das Erlebnis „Kulturbesuch" und prägen daher gemeinsam den Gesamteindruck des Besuchers (siehe Abb. 3).

Wenngleich Kultureinrichtungen grundsätzlich auch Produkte mit hohem materiellem Anteil bereithalten (Flyer, Kurzführer, Kataloge, Audio-Guides,

CDs, DVDs etc.), sind sie aufgrund des hohen immateriellen Anteils vieler Leistungen – v.a. im Kern- aber auch im Zusatzbereich – in erster Linie Dienstleistungsbetriebe. Diese Einordnung ist insofern von Bedeutung, als sich hieraus wesentliche Konsequenzen für das Kulturmarketing ergeben. Denn Dienstleistungen verfügen über bestimmte konstitutive Merkmale (vgl. Hausmann 2005, S. 19ff. sowie allgemein hierzu Homburg 2009, S. 971ff.):

- *Intangibilität*: Das Ergebnis der Leistungserstellung von Kulturanbietern (z.B. Ballettaufführung, Jazzkonzert, Galerieausstellung, Bibliotheksführung) ist für den Besucher in der Regel nicht „greifbar", da am Ende des Leistungserstellungsprozesses vielfach kein materielles Gut vorliegt (Ausnahme z.B.: ein Konzertanbieter schneidet noch während eines Konzerts mit und verkauft nach Abschluss Live-CDs).

- *Nichtlagerfähigkeit:* Zwischen der Erstellung und der Inanspruchnahme bzw. Rezeption einer kulturellen Leistung herrscht meist Synchronität. Dieses so genannte „uno-actu-Prinzip" ergibt sich daraus, dass kulturelle Leistungen überwiegend „live" stattfinden und daher nicht auf Lager produziert und für eine beliebige Inanspruchnahme durch den Besucher vorgehalten werden können. Sie müssen vielmehr zum Zeitpunkt ihrer Erstellung am Ort der Dienstleistungsproduktion vom Besucher unmittelbar „konsumiert" werden (z.B. bei der Werkeinführung durch eine Dramaturgin).

- *Integration eines externen Faktors*: Die Leistungserstellung von Kulturbetrieben kann nicht – und sollte es unter kultur- und gesellschaftspolitischen Gesichtspunkten auch nicht – ohne Einbeziehung des Publikums erfolgen. Dabei kann der Besucher diese Leistungserstellung nicht nur befördern (z.B. durch aktives Engagement bei einem Workshop oder begeisterten Applaus zur Pause), sondern ebenso behindern oder sogar unterbrechen (z.B. durch lautstark zum Ausdruck gebrachte Missbilligung bei einer Theateraufführung).

- *Wahrgenommenes Risiko:* Das Kauf- bzw. Besuchsrisiko resultiert aus einer Qualitätsunsicherheit auf Seiten des (Erst-)Besuchers. So ist es ihm in der Regel vor dem Kauf einer Eintrittskarte für eine bestimmte Kulturveranstaltung nicht möglich abzuschätzen, inwiefern diese Veranstaltung tatsächlich seine Erwartungen erfüllen wird. Aufgrund des hohen Anteils an Erfahrungs- und Vertrauenseigenschaften vieler kultureller Leistungen, die im Vorfeld eines Besuchs nicht auf ihre Qualität untersucht werden können (z.B. Bequemlichkeit und Sicht im Zuschauerraum, Service in der Gastronomie, Qualität der Künstler), muss der Besucher vielmehr darauf vertrauen, dass der Kulturanbieter hält, was er z.B. im Rahmen seiner Kommunika-

6 Instrumente im Kulturmarketing

tionspolitik verspricht (vgl. ausführlicher zu der Qualitätsproblematik im Kulturbereich z.B. Müller 2008; Hausmann 2012a und 2012b).

Ergänzend zu dieser kursorischen Darstellung der grundsätzlichen Eigenschaften kultureller Leistungen sei abschließend auf die verschiedenen Nutzendimensionen von Kulturangeboten (sowohl im Kern- als auch im Zusatzbereich) hingewiesen, denen durch entsprechende Maßnahmen der Leistungspolitik – sowie anderer Instrumente des Marketingmix – Rechnung getragen werden kann (siehe hierzu auch Klein 2011a, S. 7ff.):

- Diesbezüglich ist zunächst der (inhaltliche) *Kernnutzen* zu nennen, der sich bei einer Kunstausstellung z.b. aus der Gegenüberstellung ästhetischer Positionen oder aus der provokativen Auseinandersetzung mit einem aktuellen Thema ergibt oder bei einem Kabarettbesuch aus dem Erleben witzigpointierter Dialoge auf der Bühne.

- Der *soziale Nutzen* von Kultureinrichtungen beruht darauf, dass die Inanspruchnahme kultureller Angebote in der Regel in Gemeinschaft erfolgt. So findet der Besuch eines Jazzfestivals oder eines Konzerts zusammen mit Freunden oder Bekannten statt, auf Premierenfeiern von Theatern und Opern werden (potenzielle) Geschäftspartner getroffen, bei Workshops, Lesungen oder Vorträgen können interessante Menschen kennen gelernt werden.

- Neben diesen beiden Nutzendimensionen verfügt ein Kulturbesuch über einen *symbolischen Nutzen*. Die besuchte Einrichtung oder Veranstaltung fügt sich in das Bild bzw. Image, das der Besucher von sich selbst hat und/oder nach außen vermitteln will. So kann der Besuch einer zeitgenössischen Opernaufführung oder eines umstrittenen Theaterstücks (auch) dazu dienen, dass sich der Besucher als modern und offen verstehen und zeigen kann.

6.1.2 Entscheidungsfelder der Leistungspolitik

Die Leistungspolitik umfasst die Analyse, Planung, Umsetzung und Kontrolle aller auf die Ausgestaltung der Kern- und Zusatzleistungen eines Kulturanbieters gerichteten Aktivitäten. Dabei lassen sich vier Handlungsfelder abgrenzen, die zwei grundsätzliche Entscheidungstatbestände betreffen: Das Management *neuer* Produkte und Dienstleistungen (Innovation) und das Management *etab-*

lierter Produkte und Dienstleistungen (Variation, Differenzierung und Eliminierung).

- *Leistungsinnovation:* Unter Leistungsinnovation wird die Entwicklung und Einführung neuer Produkte und Dienstleistungen verstanden. Zu unterscheiden sind die *echte* Innovation (die Leistung ist für den Besucher und die Kultureinrichtung neu) und die *unechte* Innovation (die Leistung ist neu für die Kultureinrichtung, nicht jedoch für den Besucher). Durch Innovationen soll das bisherige Leistungsspektrum um attraktive Angebote ergänzt werden und der Kulturbetrieb langfristig wettbewerbsfähig bleiben. Während *marktinduzierte* Innovationen aufgrund nicht (ausreichend) erfüllter Besucherwünsche entstehen („demand pull"), basieren *technologieinduzierte* Innovationen auf neueste Entwicklungen im technologischen Bereich, eröffnen neue Möglichkeiten der Leistungserbringung und sind häufig anbietergetrieben („technology/supply push").

Praxisbeispiele Leistungsinnovation

Die *Berliner Philharmoniker* haben mit einer technologieinduzierten Leistungsinnovation auf sich aufmerksam gemacht, die ihnen anhaltend große Aufmerksamkeit sichert: Als erste weltweit boten sie in 2009 eine ganze Konzertsaison gegen Entgelt als Live-Erlebnis im Internet an; das Projekt „digital concert hall" wird seither mit Unterstützung der *Deutschen Bank* kontinuierlich ausgebaut. Die User können sich bereits eine halbe Stunde vor Konzertbeginn einloggen und mitverfolgen, wie sich die Philharmonie langsam füllt; Interviews mit Künstlern und weiterführende Informationen durch den Moderator runden das Angebot ab (vgl. Berliner Philharmoniker 2012b).

Auch die Bildende Kunst nutzt die neuen technischen Möglichkeiten für Leistungsinnovationen: So bietet z.B. die *documenta 13* ihren Besuchern eine „App" für Smartphones an. Die Applikation, die vom Sponsor *Sparkassen-Finanzgruppe* entwickelt und bereitgestellt wird, soll auf GPS-Basis zum einen die räumliche Orientierung und damit das Auffinden der zahlreichen geplanten documenta-Standorte in der Stadt Kassel ermöglichen. Auch wie man hinkommt und wie lange der Weg dauert, sollen Besucher damit erfahren. Zum anderen ist die App eine Art Führer zu einzelnen Kunstwerken. Dabei geht es weniger darum, die Kunst zu erklären, als Informationen über die Künstler zu geben und das Zustandekommen von Projekten zu dokumentieren; die Künstler steuern dazu erläuternde Texte oder Musik bei (vgl. Documenta 2012).

- *Leistungsvariation:* Im Rahmen einer Leistungsvariation werden (ästhetische, funktionale oder symbolische) Eigenschaften einer bereits bestehenden Leistung modifiziert, z.b. die Dauer der öffentlichen Führung durch ein Museum, die Menge von frei wählbaren Karten im Wahl-Abonnement eines Theaters, das Material oder die Verpackung eines bestimmten Merchandising-Artikels im Opernshop. Die Leistung an sich bleibt unverändert, es entsteht kein neues oder zusätzliches Produkt und das Leistungsprogramm wird nicht erweitert. Sowohl im Kern- als auch im Servicebereich von Kultureinrichtungen können Leistungen variiert und damit stärker auf die Bedürfnisse von Besuchern zugeschnitten werden. Gesellschaftliche Trends, technische Neuerungen oder Beschwerden von Besuchern können ebenso eine Leistungsvariation sinnvoll erscheinen lassen wie wirtschaftliche oder durch den Wettbewerb bedingte Notwendigkeiten.

- *Leistungsdifferenzierung:* Ziel der Differenzierung von Leistungen ist es, der Heterogenität von Besuchern besser gerecht zu werden, eine Bedürfnisbefriedigung bei unterschiedlichen Zielgruppen zu erreichen und damit sowohl zusätzliche Besuchersegmente zu erschließen als auch bereits vorhandene zu binden. Dazu werden neben bereits eingeführten und etablierten Leistungen weitere Varianten aufgenommen (z.B. Erweiterung des Angebots an Museumsführungen um Kurzführungen zur Mittagszeit). Leistungsdifferenzierungen führen damit zu einer Erweiterung des Angebotsspektrums. Allerdings liegt hierin auch ein gewisses Risiko: So kann beispielsweise die zu beobachtende Tendenz verschiedener Konzerthäuser und Theater, ihre Abonnementreihen sehr auszudifferenzieren, dazu führen, dass der (potenzielle) Besucher den Überblick verliert, die jeweiligen Vor- und Nachteile kaum abwägen und sich daher zwischen den verschiedenen Angeboten nur schwer entscheiden kann.

Praxisbeispiel Leistungsdifferenzierung (1)

Die *Berliner Philharmoniker* bieten neben ihren regulären Konzerten am Abend so genannte „Lunchkonzerte" an, um das Haus auch tagsüber offen zu halten und Interessierte – z.B. berufstätige Berliner, die Entspannung in der Mittagspause suchen, kulturaffine Touristen, Senioren, die einen Heimweg am späten Abend scheuen, sowie Zufallsbesucher – anzuziehen. Bei freiem Eintritt kann das Publikum zur Mittagsstunde ein Kammermusikkonzert im Foyer der Philharmonie besuchen und sich gegen Entgelt an einem Mittagsbuffet bedienen (vgl. Berliner Philharmoniker 2012c).

Praxisbeispiel Leistungsdifferenzierung (2)

Das *Paul Getty Museum* in Los Angeles betreibt – wie zunehmend mehr Museen – Leistungsdifferenzierung im Rahmen seiner Vermittlungsangebote: Das Haus nutzt als erstes weltweit – und damit ist es gleichzeitig eine Leistungsinnovation (s.o.) – das Bilderkennungsprogramm von *Google*. Mit der Software „Goggle" ausgestattete Smartphones von Besuchern suchen per WLAN nach hauseigenen Informationen zu gerade im Museum (ohne Blitz) fotografierten Objekten. Die Technik soll selbst auf Reproduktionen von Kunstwerken in Katalogen reagieren. Andere Instrumente der Vermittlung, wie Audioguides oder Führungen mit Mitarbeitern, bleiben daneben bestehen (vgl. Paul Getty Museum 2012 und Kulturpolitische Gesellschaft 2012).

- *Leistungseliminierung*: Die Herausnahme eines Angebots führt zur Straffung des Gesamtprogramms. Die Gründe für die Einstellung bestimmter Leistungen können vielfältig sein, wie z.b. sinkende Umsätze oder fehlende Deckungsbeiträge, Engpässe bei personellen Ressourcen (siehe hierzu das „da capo" Beispiel *der Duisburger Philharmoniker* in Kapitel 7), negativer Einfluss auf das Image (z.B. bei bestimmten Produkten im Shop) oder Änderungen bei gesetzlichen Vorschriften. Allerdings können diesen Kriterien Argumente entgegenstehen, aufgrund derer eine (eigentlich notwendige) Leistungseliminierung unterbleibt. So werden in Museen zuweilen teure Fachbücher publiziert und zum Verkauf angeboten, die weniger der Erzielung zusätzlicher Einnahmen dienen, als vielmehr den ästhetisch-künstlerischen Standpunkt eines Hauses reflektieren und in erster Linie vom Fachpublikum wahrgenommen werden (sollen). Aber auch gesellschafts- bzw. kulturpolitische Gründe (z.B. frühzeitige Bindung von Kindern) können für Kultureinrichtungen eine Rolle bei der Entscheidung gegen die Eliminierung von Leistungen spielen.

6.2 Preispolitik

6.2.1 Grundlagen preispolitischer Entscheidungen

Die Preispolitik umfasst sämtliche Entscheidungen hinsichtlich des vom Nachfrager zu entrichtenden Entgelts für die Leistungen eines Kulturanbieters. Preispolitische Entscheidungen stehen dann an, wenn es um die *Festsetzung* eines Preises für eine neue bzw. einmalige Leistung geht oder um die *Änderung* eines

Preises für bereits bestehende Leistungen, z.b. aufgrund von Veränderungen bei der Besuchernachfrage, Wettbewerberreaktionen, geänderten Konditionen bei Zulieferern oder technischen Neuerungen (allgemein hierzu Homburg 2009; Meffert et al. 2012). Der Preis beeinflusst die Entscheidung eines Besuchers, eine Kulturleistung in Anspruch zu nehmen bzw. innerhalb eines (kulturellen) Angebotsumfelds mit verschiedenen Preis-Leistungs-Verhältnissen auszuwählen. Wegen des hohen Dienstleistungsanteils und der daraus resultierenden fehlenden Überprüfbarkeit von Leistungsmerkmalen im Vorfeld der Inanspruchnahme von Kulturangeboten (vgl. Kapitel 6.1.1), kann der Preis von den Besuchern (auch) als Ersatzkriterium für die Qualitätsbeurteilung herangezogen werden.

Die Ausgestaltung der Preispolitik unterliegt im (öffentlichen) Kulturbereich der Besonderheit, dass Eintrittspreise bzw. Teilnahme- und Nutzungsgebühren – allgemein Entgelte für Kernleistungen von Kulturanbietern – in der Regel nicht unter betriebswirtschaftlichen Aspekten festgelegt und an den Kosten orientiert werden, sondern an kultur- und sozialpolitische Vorgaben der Träger geknüpft sind. Hierdurch soll sichergestellt werden, dass möglichst viele Menschen Zugang zu Kultur erhalten. Allerdings sollte eine solche gesellschaftspolitische motivierte Festlegung von Preisen auf den Bereich der Kernleistungen von Kulturbetrieben beschränkt bleiben. Denn durch den umsichtigen Einsatz preispolitischer Instrumente im Bereich der Zusatzleistungen (z.B. Raumvermietung, Shop) ist eine Optimierung der eigenen Einnahmen möglich und kann die Finanzierungssituation von Kulturbetrieben in einem gewissen Umfang verbessert werden (siehe hierzu auch Hausmann 2011, S. 91ff.; Klein 2011b, S. 212ff.).

Wie bei der Ausgestaltung der anderen Instrumente im Marketingmix (vgl. z.B. Kapitel 6.4.1), empfiehlt sich bei der Findung und Durchsetzung von Preisen am Kultur- und Freizeitmarkt eine strukturierte Vorgehensweise. Nach der *Analyse* des preispolitischen Spielraums eines Kulturbetriebs im Hinblick auf seine Positionierung bzw. sein Image, die Wettbewerbssituation, die Preisbereitschaft bei den Nachfragern etc. sind die *Ziele* festzulegen, die mit preispolitischen Maßnahmen erreicht werden sollen: Neben unmittelbar kulturbetriebsbezogenen Zielen (Kostendeckung, Verlustminimierung, Kapazitätsauslastung etc.) können dies markt- bzw. nutzerorientierte Ziele sein (z.B. Etablierung neuer Angebote am Markt, Abschöpfung der Zahlungsbereitschaft von Premiumkunden oder Bindung von Wiederholungsbesuchern). Im Anschluss hieran werden die preispolitischen *Strategien* festgelegt: In dieser Phase des Planungsprozesses geht es im Zusammenhang mit der *erstmaligen Festlegung* eines Leistungsentgeltes um Entscheidungen im Bereich der

- *Preispositionierung* (Hoch-, Mittel- oder Niedrigpreisstrategie, z.B. bei Shopartikeln, Ausstellungskatalogen oder Galakonzerten) und der
- *Preisdifferenzierung* (z.B. im Hinblick auf unterschiedliche Altersgruppen und Einkommensverhältnisse von Besuchern)

sowie im Zusammenhang mit der *Änderung* von Preisen für bereits bestehende Leistungen um Entscheidungen im Bereich der

- *Preisvariation* (temporäre An- oder Absenkung eines Preises, d.h. Sonder- und Rabatt- bzw. Ermäßigungsaktionen) und der
- *Preisbündelung* (v.a. Entwicklung von Kombi-Tickets, die zum Besuch verschiedener Ausstellungshäuser oder zum Besuch eines Theaterstücks plus Nutzung öffentlicher Verkehrsmittel berechtigen).

In einem nächsten Schritt des Entscheidungsprozesses werden die preispolitischen *Maßnahmen* festgelegt. Ganz allgemein lassen sich die Methode der kosten- und der marktorientierten Preisfestlegung unterscheiden („inside-out" vs. „outside-in" Perspektive). Letztere Verfahrensweise lässt sich weiter aufschlüsseln in die nachfrager- und in die konkurrenzbezogene Preisbestimmung (vgl. Abb. 12). Alle drei Methoden werden nachstehend skizziert (ausführlich hierzu Meffert et al. 2012, S. 513ff.).

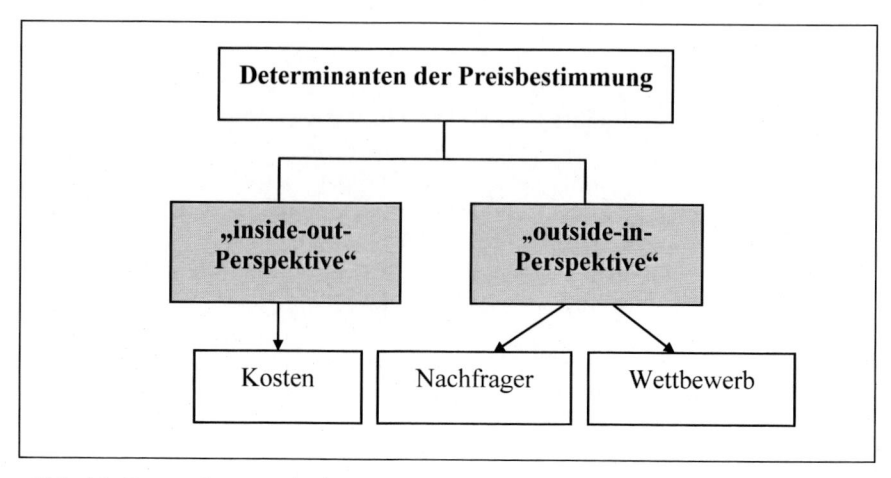

Abb. 12: Determinanten der kosten- und marktorientierten Preisbestimmung

6 Instrumente im Kulturmarketing

(1) Kostenorientierte Preisbestimmung

Bei dieser Vorgehensweise sollen die Kosten der Leistungserstellung durch die erhobenen Entgelte (zumindest teilweise) gedeckt werden. Von besonderer Bedeutung sind kostenorientierte Ansätze für die Bestimmung von *Preisuntergrenzen*: Dies ist der Preis, zu dem eine Leistung noch kostendeckend angeboten werden kann. Allerdings zeigt sich im Dienstleistungsbereich ganz grundsätzlich die Problematik, dass die Aufrechterhaltung der Leistungsbereitschaft zu einem hohen Anteil von nicht oder nur wenig beeinflussbaren Kosten (Personal, Technik, Energie etc.) führt. Diese fix- und gemeinkostenlastige Struktur erschwert eine verursachungsgerechte Verteilung auf einzelne Kostenträger und kostenorientierte Preisfestlegung.

Im Fall von öffentlichen Kulturanbietern ist es zudem aus kultur- und gesellschaftspolitischen Gründen im Regelfall nicht möglich, (gesamt-)kostendeckende Eintrittspreise zu erheben, wie ein Beispiel aus dem Theaterbereich verdeutlicht (vgl. Deutscher Bühnenverein 2011, S. 257ff.): Hier betrug der durchschnittliche Erlös pro Besucher in der Spielzeit 2009/2010 rund 25 EUR (v.a. aus Eintrittskarten, aber z.b. auch aus Programmverkauf und durch Garderobengebühren). Der Betriebszuschuss, d.h. die Zuweisungen und Zuschüsse der Träger und sonstigen öffentlichen Förderer (z.B. EU), lag in der genannten Spielzeit bei rund 110 EUR pro Besucher. Im Kontext dieser beiden Zahlen wird deutlich, dass die Theater aus Besuchererlösen immer nur einen (sehr kleinen) Teil ihrer Gesamtkosten decken können, eine substanzielle Reduzierung des Betriebszuschusses mit Hilfe einer kostenorientierten Preisfestlegung – sowohl aus kulturpolitischen Gründen als auch aufgrund der Nachfrage- und Wettbewerbssituation – jedoch nicht durchsetzbar wäre.

Dies bedeutet allerdings nicht, dass eine kostenorientierte Preisbestimmung im Kulturbereich grundsätzlich nicht möglich ist. Wie bereits ausgeführt, können (und sollten) die Kosten der Leistungserstellung vor allem im Zusatzbereich von Kulturbetrieben (Workshops, Fachberatung, Vermietungsgeschäft etc.) – und in Einzelfällen bei ausgewählten, durch besonders hohe Besuchernachfrage gekennzeichnete Kernleistungen, wie etwa hoch frequentierte Sonderausstellungen von Museen (erwähnt sei hier die Ausstellung „Das MoMa in Berlin" der *Neuen Nationalgalerie*, bei der aufgrund des überwältigenden Besucherinteresses ein Überschuss von 6,5 Mio. EUR erzielt werden konnte) – durch eine entsprechende Preispolitik möglichst gedeckt werden.

Ein Instrument zur (teil-)kostenorientierten Preisbestimmung ist die *Break-Even-Analyse*, mit der ein Kulturanbieter ermitteln kann, bei welchem Preis und welcher Absatzmenge (Break-Even-Menge) die Selbstkosten (Fixkosten und variable Stückkosten) einer bestimmten Leistung gedeckt werden können und die Gewinnschwelle erreicht ist (vgl. Kapitel 9.4). Wo es trotz der Besonderheiten der Preispolitik im Kulturbereich möglich ist, sollte die langfristige Preisuntergrenze eine Gesamtkostendeckung, die kurzfristige Preisuntergrenze zumindest eine Deckung der variablen Stückkosten implizieren.

(2) Besucherorientierte Preisbestimmung

Bei dieser Strategie ist die Preisbereitschaft der Nachfrager maßgeblich für die Festsetzung von Leistungsentgelten. Diese stellt die grundsätzliche Bereitschaft eines Nachfragers dar, in einer Kaufsituation einen bestimmten (maximalen) Betrag zu zahlen. Die Preisbereitschaft bildet die individuelle Preis*obergrenze* eines Nachfragers; Preise oberhalb der persönlichen Preisbereitschaft werden vom Nachfrager in der Regel nicht akzeptiert. Da der maximale Preis, den ein Konsument zu zahlen bereit ist, unmittelbar mit dem wahrgenommenen Wert einer Leistung korrespondiert, kann die Preisbereitschaft entsprechend als monetärer Ausdruck des wahrgenommen Werts einer Leistung interpretiert werden (u.a. Diller 2008, S. 155ff.; Balderjahn 2003, S. 389).

Die Kenntnis der Preisbereitschaft von Besuchern stellt im Kulturbereich eine Schlüsselinformation dar, die vor allem dazu dient, durch eine entsprechende Preisgestaltung bzw. -ausdifferenzierung die eigenen Einnahmen zu erhöhen. Ein besonders geeignetes Marktforschungsinstrument zur Identifizierung von Preisbereitschaften stellt die *Conjoint-Analyse* dar. Mit dieser Methode kann untersucht werden, wie viel die Nachfrager für eine bestimmte Mehrleistung (z.B. Ausweitung des Services oder Erhöhung der Qualität) zu zahlen bereit sind. Die Conjoint-Analyse erfasst, wie einzelne Merkmale einer Leistung zum Gesamtnutzen für den Nachfrager beitragen. Damit wird es auch möglich, herauszufinden, wie sich die Präferenzen der Nachfrager verändern, wenn einzelne Merkmale (z.B. der Preis) einer Leistung variiert werden (siehe ausführlicher hierzu Homburg 2009, S. 405).

Mit Blick auf das Ziel einer erlösoptimierenden, besucherorientierten Preisbestimmung ist darüber hinaus die *Preiselastizität* der Nachfrage von Interesse. Die Preiselastizität bildet die Reaktion der Nachfrage nach einer bestimmten Leistung ab, die auf das Absenken oder Anheben des ursprünglichen Preises für diese Leistung erfolgt. In empirischen Untersuchungen konnte für ausgewählte Kulturbereiche herausgefunden werden, dass die Preiselastizität hier geringer ist als auf anderen Märkten (u.a. Throsby/Withers 1979, S. 29; Frey/Pommerehne 1989, S. 9; Ginsburgh/Throsby 2006, S. 428ff.): Die (moderate) Erhöhung von (Eintritts-)Preisen führt in vielen Bereichen der Kultur in der Regel nur zu unterproportionalen Veränderungen, d.h. zu einem relativ geringen Rückgang der Nachfrage.

Die Gründe hierfür liegen nicht zuletzt darin, dass die Nutzer kultureller Leistungen – insbesondere der so genannten Hochkultur – in der Regel über dem Altersdurchschnitt der Bevölkerung liegen und über ein höheres Einkommen verfügen; höhere (Eintritts-)Preise stellen daher häufig keine Besuchsbarriere dar. Andererseits führt diese geringe Preiselastizität der Nachfrage auch dazu, dass die Senkung von (Eintritts-)Preisen keinen übermäßig großen Einfluss auf die Gewinnung neuer Besucher bzw. die Erhöhung der Besuchszahlen hat (Giller 1995, S. 58ff.; Klein 2011b, S. 354ff.).

Allerdings ist hier vor pauschalen Rückschlüssen zu warnen, da der tatsächliche Effekt einer Preisänderung von der konkreten Besucher- und Nutzerstruktur eines Kulturanbieters abhängt: So haben Besucher aus dem Ort eines Kulturbetriebs oder dem näheren Umland, Ermäßigungsberechtigte, Wiederholungsbesucher und Besucher mit einer relativ geringen Aufenthalts- und Nutzungsdauer eine geringere Preisbereitschaft und eine höhere Preiselastizität als Besucher von auswärts, reguläre Normalzahler, Erstbesucher und Besucher mit längerer Aufenthalts- und Nutzungsdauer (siehe ausführlicher hierzu u.a. Institut für Museumskunde 1996).

(3) Wettbewerbsorientierte Preisbestimmung

Bei dieser Methode wird der Preis nach Analyse vergleichbarer Konkurrenzangebote festgesetzt (z.B. anderer Kultur- oder Freizeiteinrichtungen in der Region). So zeigt sich zum Beispiel, dass in den viel frequentierten, so genannten „Blockbuster"-Ausstellungen von Kunstmuseen, die zum Beispiel aufgrund der Reputation der Künstler (z.B. El Greco im *museum kunst palast* Düsseldorf), des Ausstellungssujets (Gesichter der Renaissance in den *Staatlichen Museen zu Berlin*) oder der leihenden Institutionen (z.B. *Museum of Modern Art* oder *Metropolitan Museum of Art*) von besonderem Interesse sind, derzeit ein regulärer Eintrittspreis zwischen 12 bis 14 EUR gefordert wird. Ähnliches ist z.B. bei den Jahreskarten zu konstatieren, deren Preise in vielen Häusern – trotz unterschiedlicher Gattung, Größe und Angebotsvielfalt sowie zum Teil unterschiedlichem regulärem Eintrittspreis – vergleichbar hoch liegen (vgl. ausführlicher hierzu Hausmann 2006b).

Zusammenfassend lässt sich festhalten, dass alle drei genannten Methoden zur Preisbestimmung grundsätzlich geeignet sind. Zu empfehlen ist es allerdings, markt- und kostenorientierte Überlegungen miteinander zu verknüpfen, damit kein Faktor vernachlässigt wird. Wenn der Preis bestimmt ist, erfolgt als letzter Schritt im Rahmen der Entscheidungsphasen preispolitischer Aktivitäten erfolgt die *Kontrolle* der Maßnahmen im Hinblick auf ihre Wirksamkeit. Hierzu geben u.a. Verkaufszahlen und Besucherstatistiken Auskunft. Weiterführende Informationen können im Rahmen von quantitativen oder qualitativen Besucherbefragungen gewonnen werden. Allerdings kann die Kontrolle preispolitischer Aktivitäten z.b. durch die möglicherweise von anderen Instrumenten des Kulturmarketing oder von Marketingmaßnahmen anderer Marktakteure (Wettbewerber, Kooperationspartner etc.) ausgehenden Wirkungen erschwert werden.

6.2.2 Preispolitische Strategien

Im Folgenden werden mit der Preisdifferenzierung, -variation und -bündelung (vgl. Abb. 13) drei typische Strategien dargestellt, die dazu geeignet sind, dass die Preispolitik ihrer Aufgabe als wichtiges Kulturmarketing- und Kulturfinanzierungsinstrument gerecht werden kann. Dies ist insofern zu betonen, als Kulturanbieter den Wirkungsmechanismen von Preisstrategien, insbesondere im Bereich der Zusatzleistungen, nicht immer ausreichend Beachtung zu schenken scheinen. Allerdings liegt dies bei öffentlichen Einrichtungen in bestimmten Fällen auch daran, dass vom Träger kein Anreiz zur Erhöhung der eigenen Einnahmen gegeben wird. So stehen z.B. bei Kultureinrichtungen, die einer kameralistischen Wirtschaftsführung unterliegen, die Einnahmen in der Regel nicht zur freien Verfügung, sondern fließen in den Haushalt des Trägers zurück.

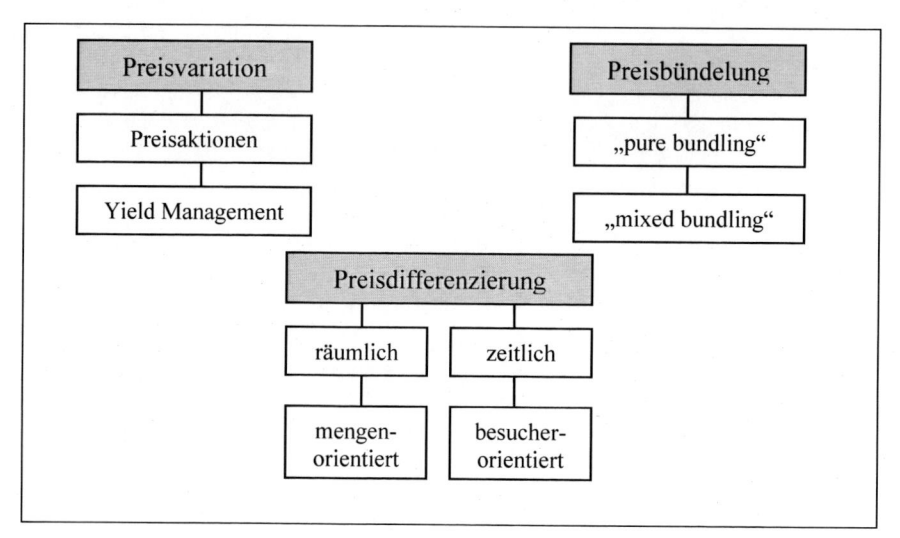

Abb. 13: Preispolitische Strategien für Kulturanbieter

(1) Preisdifferenzierung

Die Preisdifferenzierung ist sowohl aufgrund von kultur- und gesellschaftspolitischen Erwägungen als auch aufgrund von Erlösoptimierungsbestrebungen die am häufigsten verwendete Strategie im Kulturbereich. Ausgangspunkt ist die Annahme, dass verschiedene Nachfragersegmente eines Kulturanbieters (vgl. 5.2) typischerweise unterschiedlich hohe Preisbereitschaften für die gleiche Leistung aufweisen. So haben Besucher, die sich noch in der Ausbildung befinden, aufgrund ihres eher knappen Budgets eine in der Regel weniger hohe Preisbereitschaft als Berufstätige. Des Weiteren sind Besucher, die eine Theatervorstellung oder eine Museumsausstellung am Wochenende besuchen wollen (oder aus Zeitgründen müssen), häufig dazu bereit, mehr zu zahlen als die Nutzer von unter der Woche angebotenen Kulturleistungen. Neben bildungs- und sozialpolitischen Aspekten ist es dezidiertes Ziel der Preisdifferenzierung, Konsumentenrenten abzuschöpfen und die Erlöse bzw. Deckungsbeiträge – und damit den Eigenfinanzierungsanteil – zu erhöhen. Darüber hinaus soll durch die gezielte Beeinflussung des Nachfrageverhaltens eine gleichmäßigere Auslastung der Kapazitäten eines Kulturbetriebs (z.B. an unterschiedlichen Wochentagen oder in der Ferienzeit) erreicht und die Entstehung von Leerkosten soweit wie möglich vermieden werden (allgemein hierzu Diller 2008). Durch Maßnahmen der Preisdifferenzierung setzt sich der Erlös, z.B. aus dem Verkauf von Eintrittskarten, wie folgt zusammen:

$$E_{Kulturanbieter} = (p_1 * x_1) + (p_2 * x_2) + (p_3 * x_3) + ... + (p_n * x_n)$$

Dabei stehen p_1 und x_1 für den regulären Eintrittspreis und die Anzahl der verkauften Eintrittskarten an Vollzahler, p_2 und x_2 für den ermäßigten Eintrittspreis für Auszubildende und die Anzahl der verkauften Eintrittskarten an Auszubildende, p_3 und x_3 für den Eintrittspreis für andere Ermäßigungsberechtigte (Abonnenten, Art-Card-Inhaber, Gruppenbesucher etc.) und die Anzahl der verkauften Eintrittskarten an andere Ermäßigungsberechtigte. Es ist offenkundig, dass es sich positiv auf die Erlöse bzw. Deckungsbeiträge aus dem Verkauf von Kulturleistungen auswirkt, wenn es durch Maßnahmen der Preisdifferenzierung gelingt, Besucher mit höherer Preisbereitschaft zu entsprechend höheren Preisen zu bedienen und Nachfrager mit geringerer Preisbereitschaft, die ansonsten auf den Besuch des Kulturanbieters bzw. die Inanspruchnahme seiner Leistungen verzichten würden, durch einen entsprechend ermäßigten Preis zu gewinnen. Typische Ansatzpunkte zur Differenzierung von Preisen im Kulturbereich sind:

- *Ort/Raum*: Unter Berücksichtigung dieses Merkmals ergeben sich preisliche Differenzierungen z.b. aufgrund unterschiedlicher Spielstätten von Theatern (Großes Haus, Kleines Haus etc.), unterschiedlicher Ausstellungsorte von Museen (z.b. Haupthaus und Zweigstellen) oder unterschiedlicher Räume im Zuge des Vermietungsgeschäfts eines Literaturhauses (Größe, technische Ausstattung etc.).

- *Zeit*: Ausschlaggebend ist hier der Zeitpunkt des Kaufs von Eintrittskarten oder der Inanspruchnahme einer kulturellen Leistung. So werden in Zeiten höherer Nachfrage (z.b. am Wochenende, Weihnachten, Neujahr) häufig höhere Preise gefordert (und vice versa). Im *museum kunst palast* in Düsseldorf wurde z.b. im Rahmen der El Greco-Ausstellung wochentags ein Eintrittspreis von 12 EUR und am Wochenende von 14 EUR verlangt. Ähnliches lässt sich von den *Staatlichen Museen zu Berlin* berichten: Hier musste, wer die Ausstellung „Bilder der Renaissance" sehen wollte, 14 EUR für ein Tagesticket bezahlen. So genannte Early Birds, die sich bereits um 9 Uhr morgens die Gemälde ansehen wollten, konnten das Ticket für 10 EUR erwerben. Ein anderes Beispiel für zeitorientierte Preisdifferenzierung sind die so genannten „happy hours", bei denen Besucher eine Stunde vor der regulären Schließung der Ausstellungsräume von Museen vergünstigten oder sogar freien Eintritt erhalten.

- *Nachfragermerkmale*: Die nachfrageorientierte Preisdifferenzierung knüpft an verschiedene persönliche Merkmale des Besuchers an: So erhalten z.B. jüngere Besucher, Geringverdiener, Gruppen- oder Stammbesucher in fast allen Kulturbetrieben eine Ermäßigung auf den regulären Eintrittspreis. Diese Ermäßigung für berechtigte Nachfragergruppen beträgt im Museumsbereich üblicherweise 25 bis 30 Prozent, in manchen Häusern sogar bis zu 50 Prozent.

- *Menge*: In Abhängigkeit von den nachgefragten Einheiten einer Leistung wird die mengenorientierte Form der Preisdifferenzierung vorgenommen (diese entspricht dem aus dem kommerziellen Marketing bekannten Mengenrabatt). Im Kulturbereich spielen hier vor allem die Jahreskarten, Art-Cards und Abonnements eine Rolle. Bei diesen Instrumenten erhält der Käufer die Berechtigung, eine bestimmte Kultureinrichtung gegen eine in der Regel einmalige Entgeltzahlung innerhalb eines bestimmten Zeitraums wiederholt zu besuchen; der entrichtete Einmalbetrag ist dabei (deutlich) geringer, als wenn der Nachfrager jeden seiner Besuche einzeln bezahlen würde. Der Vorteil von Jahreskarten, Abonnements etc. liegt für die Kulturanbieter in den „sicheren" Einnahmen: Der Besucher zahlt den veranschlagten Preis zu einem bestimmten Zeitpunkt, unabhängig von seinem tatsächlichen Nutzungsverhalten im Zeitverlauf.

(2) Preisvariation

Im Rahmen der Preisvariation senkt oder hebt ein Kulturanbieter den Preis für eine Leistung innerhalb eines bestimmten Zeitraums oder dauerhaft zur bewussten Beeinflussung des Marktes. Kurzfristige Preisaktionen, z.B. „Sonderangebote" im Shop oder bei der Vermietung von Räumen, können die Nachfrage stimulieren. Anders als bei der zeitlichen Preisdifferenzierung findet die Preisvariation unregelmäßig und – aus der Perspektive der Besucher – nicht vorhersehbar statt, zudem gelten keine unterschiedlichen Preise parallel (vgl. Diller 2008). Neben der *Preisabschrift*, das heißt der Reduzierung eines ursprünglich geplanten, aber nicht mehr durchsetzbaren Verkaufspreises (z.B. für den Katalog einer abgelaufenen Sonderausstellung oder für Merchandisingartikel eines Theaters nach Intendantenwechsel), gilt als weitere Form der Preisvariation das so genannte *Yield Management*, das z.B. von Musiktheatern und Musicals mit hohem Besucherzuspruch eingesetzt werden kann. Das Yield Management beinhaltet eine Weiterentwicklung des Gedankens der zeitlichen Preisdifferenzierung. Im Mittelpunkt steht eine ertragsorientierte Steuerung der Angebotsmengen von Dienstleistungen, die im Voraus buchbar sind und an unterschiedlich preissensitive Besuchergruppen vertrieben werden. Die Preise unterscheiden sich je nach Buchungszeitpunkt und freien Kapazitäten des Anbieters; Ziel ist die optimale Auslastung gegebener Kapazitäten (ausführlich hierzu Diller 2008; Pechtl 2005, S. 250ff.).

(3) Preisbündelung

Bei der Bündelung von Preisen werden mehrere Teilleistungen zu einem Angebotsbündel mit Ausweis eines Gesamtpreises zusammengestellt, wobei dieser Preis für das Angebotspaket unter der Summe der Einzelpreise liegt (vgl. Diller 2008; Priemer 2003, S. 506ff.). Auch im Kulturbereich kann der Einsatz der Preisbündelung, die als ein Spezialfall der mengenbezogenen Preisdifferenzierung gesehen werden kann, dazu beitragen, die Erlöse zu erhöhen. Von den verschiedenen Gestaltungsvarianten wählen Kulturbetriebe in der Regel eine reine und/oder eine gemischte Preisbündelung („pure bundling" bzw. „mixed bundling").

Bei der *reinen* Preisbündelung offeriert der Kulturbetrieb die einzelnen Leistungen des Angebotsbündels als *Komplettpaket*, da die Leistungen nicht einzeln erhältlich sind bzw. keine Einzelpreise ausgewiesen werden (können). Beispiel hierfür ist die Bündelung verschiedener Einrichtungen bzw. Standorte eines Museums im Rahmen einer so genannten Gemeinschaftskarte, wobei es für bestimmte Häuser kein Einzelticket gibt. Ziel einer solchen Bündelung ist häufig, besucherschwächere Einrichtungen mit geringerem Bekanntheitsgrad im „Fahrwasser" besucherstarker, über einen hohen Bekanntheitsgrad verfügender Einrichtungen mitzuziehen.

Im Rahmen der *gemischten Preisbündelung* bieten Kulturbetriebe neben einem Gesamtpaket mit dem Bündelpreis auch alle Teilleistungen zu Einzelpreisen an. Diese Form wird „optional bundling" genannt, weil dem Besucher die Entscheidung zwischen dem Kauf einer Einzelleistung und eines Leistungsbündels freigestellt wird: Einem Besucher, der zum Erwerb des gesamten Bündels nicht bereit ist (aus finanziellen Gründen, Zeitgründen etc.), bleibt bei dieser Variante der Preisbündelung die Möglichkeit erhalten, zumindest eine Teilleistung in Anspruch nehmen zu können. Wiederum kommt ein anderer Besucher beim Bündelkauf in den Genuss zusätzlicher Vorteile – in der Regel wird der Kauf des Leistungsbündels durch einen Preisvorteil gegenüber dem Einzelkauf honoriert. Wie anhand der Praxisbeispiele nachfolgend deutlich wird, ergeben sich gemischte Preisbündelungen häufig aus der Kooperation zwischen verschiedenen Kulturbetrieben oder, insbesondere im Kontext von Kulturtourismus, mit kommerziellen Anbietern (Hotellerie, Gastronomie etc.).

Praxisbeispiele Preisbündelung

Das „MQ Art Ticket" des *Museumsquartiers Wien* berechtigt den Besucher gegen Zahlung von 21,50 EUR zum Eintritt in drei Kunstmuseen, die jeweils auch gegen Kauf eines Einzeltickets – 7,50 EUR für die Kunsthalle Wien, 12 EUR für das Leopold Museum, 9 EUR für das Museum moderner Kunst Stiftung Ludwig Wien – besucht werden können. Darüber hinaus gibt es bei Vorlage des Tickets Ermäßigungen im ZOOM Kindermuseum und auf Vorstellungen des Tanzquartiers Wien (vgl. Museumsquartier Wien 2012).

Die *Staatlichen Museen zu Berlin* und der Hotelanbieter *Amber Hotels* haben anlässlich der Ausstellung der „Gesichter der Rennaissance" eine gemeinsame Preisbündelung vorgenommen. Für den Preis von 99 EUR pro Person und Nacht erhielten interessierte Besucher zwei Übernachtungen (inkl. Welcome-Drink und Frühstücksbuffet) in der Kategorie Comfort und jeweils ein so genanntes VIP-Ticket – dessen Preis regulär bei 30 EUR lag – für die Ausstellung (inkl. sofortigem Einlass innerhalb eines bestimmten Zeitfensters für einen selbst gewählten Tag) (vgl. Amber Hotels 2012).

6.3 Distributionspolitik

Die Distributionspolitik bezieht sich auf sämtliche Entscheidungen, die im Zusammenhang mit der Übermittlung einer Kulturleistung vom Anbieter bis zum Nachfrager stehen. Dabei wirken sich die konstitutiven Eigenschaften von Dienstleistungen (vgl. Kapitel 6.1) auch in diesem Bereich des Marketingmix aus und begrenzen die Zahl sowie Ausgestaltung der einsetzbaren Instrumente.

Grundsätzlich lässt sich festhalten, dass eine Vielzahl an Kulturangeboten eine lokale Leistungserstellung erfordert und aufgrund ihres immateriellen Charakters nicht handelbar ist. In solchen Fällen kann lediglich das *Leistungsversprechen* vertrieben werden, d.h. die Verpflichtung eines Kulturanbieters, zu einem späteren Zeitpunkt eine bestimmte Leistung (Opernaufführung, Jazzkonzert, Vortragsreihe etc.) zu erbringen und dies über ein materielles Trägermedium (i.d.R. Eintrittskarte) zu dokumentieren. Daneben gibt es jedoch auch zahlreiche Kulturbetriebe, wie z.b. Galerien oder Verlage, die „handfeste" Produkte (Skulptur, Gemälde, Bücher, CDs etc.) anbieten und entsprechend vertreiben können.

In beiden Fällen kann der Vertrieb sowohl auf direktem als auch auf indirektem Wege erfolgen:

- Bei der *direkten Distribution* wird zwischen Kulturanbieter und Besucher kein Mittler eingeschaltet, d.h. der Vertrieb der Leistung bzw. des Leistungsversprechens wird vom Kulturanbieter selbst übernommen (vgl. Abb. 14). Auf diese Weise kann er die Vertriebsqualität kontinuierlich prüfen und durch entsprechende Schulungen des Besucherkontaktpersonals langfristig sicherstellen. Allerdings bleibt der Radius dieses Vertriebsweges zwangsläufig beschränkt.

- Regelmäßig werden daher im Rahmen der *indirekten Distribution* externe Distributionsorgane eingeschaltet, auf die der Absatz der Leistungen bzw. der Leistungsversprechen übergeht. Dem Nachteil der schwierigeren Qualitätssicherung stehen Effektivitäts- und Effizienzvorteile (Know-how, Kontakte, Vermarktung etc.) eines auf den Vertrieb von (kulturellen) Leistungen bzw. Leistungsversprechen spezialisierten Partners gegenüber (ausführlicher zu den internen und externen Distributionsorganen Hausmann 2005, S. 137ff.).

```
                Vertrieb der Leistungen bzw. der
              Leistungsversprechen eines Kulturanbieters
```

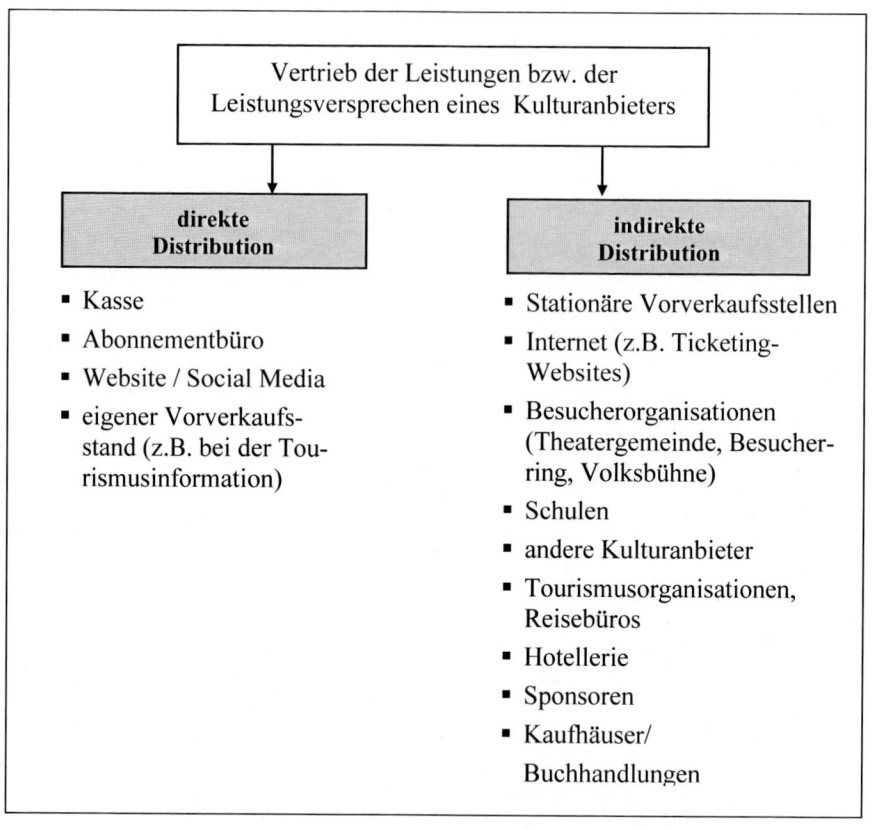

direkte Distribution	indirekte Distribution
- Kasse - Abonnementbüro - Website / Social Media - eigener Vorverkaufsstand (z.B. bei der Tourismusinformation)	- Stationäre Vorverkaufsstellen - Internet (z.B. Ticketing-Websites) - Besucherorganisationen (Theatergemeinde, Besucherring, Volksbühne) - Schulen - andere Kulturanbieter - Tourismusorganisationen, Reisebüros - Hotellerie - Sponsoren - Kaufhäuser/ Buchhandlungen

Abb. 14: Vertriebsorgane im Kulturbereich

Ganz grundsätzlich kann die Vertriebspolitik auch akquisitorische Wirkungen entfalten (vgl. Homburg 2009, S. 857). So gehen distributionspolitische Maßnahmen, z.B. beim Kartenverkauf an der Abendkasse eines Orchesters, vielfach mit einer unmittelbaren, persönlichen Ansprache von (potenziellen) Besuchern einher (so genanntes Personal Selling); eine erfolgreiche Interaktion und ein hohes Maß an Besucher- bzw. Serviceorientierung sind somit von zentraler Bedeutung in diesem Bereich des Marketingmix. Des Weiteren stehen distributionspolitische Aktivitäten in engem Zusammenhang mit anderen Instrumenten des Marketing; auf diesen Wirkungsverbund der Marketinginstrumente wird in Kapitel 6.5 noch einmal ausführlicher eingegangen.

Praxisbeispiele Distributionspolitik

Bei der von der *Neuen Nationalgalerie* ausgerichteten Blockbuster-Ausstellung „Das MoMA in Berlin" wurde Besuchern erstmals die Möglichkeit eingeräumt, so genannte VIP-Karten vorab online zu buchen. Eine solche Eintrittskarte zum Preis von 27 EUR gestattete den Besuchern aufgrund eines eigenen Reservierungssystems mit festgelegten Zeitfenstern pro Ausstellungstag einen Einlass ohne Wartezeit (der reguläre Eintrittspreis lag zwischen 10 bis 12 EUR, die Wartezeit betrug oftmals mehrere Stunden). Durch einen separaten Eingang in die Ausstellung und eine eigene Garderobe sollte den VIP-Gästen ein möglichst stressfreier und angenehmer Besuch der Ausstellung ermöglicht werden. Die VIP-Karte wurde u.a. online über die Firma Interklassik GmbH und ausgewählte Berliner Hotels vertrieben (Quelle: Neue Nationalgalerie).

Der Online-Vertrieb von Eintrittskarten hat sich aufgrund verbesserter technischer Standards in (größeren) Kultureinrichtungen mittlerweile etabliert. So bieten die *Staatlichen Museen zu Berlin* ihren Besuchern die Möglichkeit zum Ticketkauf via so genannter *QR-Codes*, d.h. zweidimensionaler Codes, die mit Hilfe von Mobiltelefonen (via Handykamera und Reader) genutzt werden können. Diese werden z.B. auf Ausstellungsplakaten gezeigt und vom Besucher fotografiert bzw. eingelesen. Das mobile Ticket erscheint als SMS und kann über die monatliche Telefonrechnung bezahlt werden. Spezielle Zeitfenster und ein separater Einlass garantieren auch hier wieder das Umgehen von Warteschlangen an der Museumskasse (vgl. Krause 2011).

6.4 Kommunikationspolitik

6.4.1 Ziele und Entscheidungstatbestände

Die Kommunikationspolitik umfasst sämtliche Aspekte der Generierung, Aufbereitung und der Vermittlung bzw. des Austausches von Informationen zwischen einem Kulturanbieter (Sender) und seinen Stakeholdern (Empfänger). Ziel ist es, Aufmerksamkeit zu erzielen und Wissen zu vermitteln, aber auch Einstellungen, Erwartungen und Verhaltensweisen der Empfänger zu beeinflussen. Die Kommunikation kann dabei *einstufig* erfolgen, d.h. der Kulturbetrieb übermittelt seine Botschaft direkt an die Empfänger (Besucher, Mitarbeiter, Sponsoren etc.). Bei der *mehrstufigen* Kommunikation richtet der Kulturanbieter seine Botschaften zunächst an so genannte Multiplikatoren die dann ihrerseits – u.U. allerdings verändert – die Informationen weitergeben (vgl. Abb. 15).

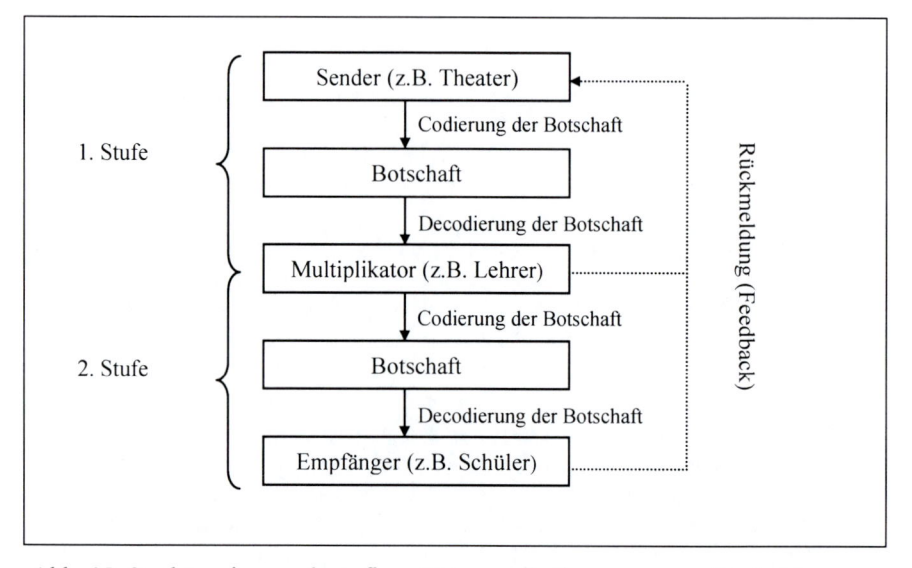

```
                    ┌─ Sender (z.B. Theater) ◄┄┄┄┄┄┄┄┐
                    │       │ Codierung der Botschaft          │
  1. Stufe  ┤       ▼                                           │
                    │  Botschaft                                │   R
                    │       │ Decodierung der Botschaft         │   ü
                    └─ Multiplikator (z.B. Lehrer) ┄┄┄┄┄┄┄┄┐   c
                            │ Codierung der Botschaft      │   k
  2. Stufe  ┤       ▼                                       │ ...
                       Botschaft                            │
                            │ Decodierung der Botschaft     │
                       Empfänger (z.B. Schüler) ┄┄┄┄┄┄┄┄┄┄┘
```

Abb. 15: Struktur eines mehrstufigen Kommunikationsprozesses (in Anlehnung an Homburg, S. 748)

Praxisbeispiel Multiplikatoren

Kulturanbieter arbeiten in der Regel mit einer Vielzahl von Multiplikatoren zusammen, die – wenn mit entsprechenden Informationen versorgt – ihrerseits dazu beitragen können, die Werbung von „Mund zu Mund", eines der wichtigsten Instrumente der Kommunikationspolitik im Kulturbereich, anzuregen. Die *Hamburger Kunsthalle* unterrichtete im Vorfeld einer Ausstellung zu Caspar David Friedrich u.a. Hotelpagen, Hamburger Gästeführer, Stadtrundfahrtunternehmen, die Tourist Informationen sowie Taxifahrer, die in 500 Taxen zusätzlich auf Kopfstützen mit dem Ausstellungsmotiv „Der Wanderer über dem Nebelmeer" auf das Ereignis aufmerksam machten (vgl. Hamburger Kunsthalle 2007). Weitere wichtige Multiplikatoren sind z.b. Lehrer, Freunde und Förderer des Kulturanbieters, Kongress- und Messeveranstalter sowie die Medien.

Des Weiteren kann die Kommunikation *persönlich* erfolgen, d.h. zwischen Kulturanbieter und Empfänger besteht ein unmittelbarer Kontakt (z.B. an der Kasse, im Foyer, auf Premierenfeiern etc.), oder *unpersönlich*, d.h. es kommt zu

6 Instrumente im Kulturmarketing

einer zeitlich-räumlichen Trennung zwischen dem Senden der Botschaft (z.B. auf Flyern und Plakaten) und der Rezeption durch den Empfänger. Ähnlich wie bei den anderen Instrumenten im Marketingmix, ergeben sich für die Kommunikationspolitik Besonderheiten aus dem hohen immateriellen Anteil der Leistungen von Kulturbetrieben (vgl. Kapitel 6.1.1). Vor allem den hierdurch bedingten Argumentations- und Visualisierungsschwierigkeiten muss die Kommunikationspolitik genüge tragen (vgl. Meffert/Bruhn 2009):

- Da die Leistungsfähigkeit oftmals nicht darstellbar ist (z.b. die Fähigkeit eines Museums zur sorgsamen Kuratierung eines bedeutenden Künstlers), ist es Aufgabe der kommunikationspolitischen Maßnahmen, die spezifische Dienstleistungskompetenz zu dokumentieren (z.b. durch die Plakatierung von Rezensionen zu einer bestimmten Ausstellung im Eingangsbereich oder durch die Nennung bisher erreichter Besuchszahlen bzw. die Erwähnung der „großen Nachfrage" in Pressemitteilungen und Flyern).
- Das Fähigkeitenpotenzial einer Kultureinrichtung muss kommuniziert werden (z.b. durch die explizite Nennung des renommierten Dirigenten eines Orchesters oder die Herausstellung des Startenors bei einer Oper).
- Die Dienstleistungen müssen für Zwecke der Kommunikationspolitik materialisiert werden. Dies kann geschehen durch das Angebot tangibler Elemente (z.B. durch CDs oder DVDs im Rahmen von Verkaufsförderungsaktionen) oder durch die Visualisierung tangibler Elemente (z.B. durch die Darstellung eines ausverkauften Konzertsaals auf Plakaten oder die spektakuläre Architektur eines Museums).

Für den erfolgreichen Einsatz der Kommunikationspolitik ist es unerlässlich, die Wirkungsmöglichkeiten kommunikativer Maßnahmen zu kennen; hierzu stehen verschiedene Stufenmodelle zur Verfügung. Als Ursprungsmodell, das allerdings – nicht zuletzt in Zeiten von Social Media – als simplifizierend und unvollständig bezeichnet werden muss, gilt das auf Lewis zurückgehende *AIDA-Modell*, bei dem vier Wirkungsstufen bei der Verarbeitung von Werbeinformationen unterschieden werden:

- *Attention* (Wahrnehmungswirkung)*:* Zunächst geht es darum, dass die anvisierten Empfänger, z.B. potenzielle Besucher, die Informationen eines Kulturanbieters tatsächlich wahrnehmen. Erst dann können die ausgesendeten Botschaften entsprechend verarbeitet oder erinnert werden. Gelingt es einem Kulturanbieter, mittels entsprechender Stimuli die Aufmerksamkeit potenzieller Besucher zu wecken, so sind diese im Zeitraum ihrer Aktivierungserhöhung leichter beeinflussbar.

- *Interest* und *Desire* (Verarbeitungswirkung): Haben die Signale des Senders Aufmerksamkeit erregt und ist das Interesse bei den Empfängern geweckt, so geht es in einem nächsten Schritt um die Verarbeitung, d.h. das Verstehen und Erinnern der Botschaft. Im Anschluss hieran entwickelt sich aus dem Interesse im Idealfall ein Verlangen und Wille auf Seiten des Empfängers, das beworbene Kulturangebot tatsächlich in Anspruch zu nehmen.
- *Action* (Verhaltenswirkung): Die vorstehend genannten Wirkungen können schließlich ein bestimmtes Verhalten beim Besucher auslösen. Er entscheidet sich z.b. zu dem Besuch einer Ausstellung, Lesung oder einer Performance. Allerdings können externe Faktoren (Zeitmangel) oder andere marketingpolitische Maßnahmen (zu hoher Eintrittspreis, ungünstige Öffnungszeiten) die Verhaltenswirkung unterbinden.

Bei der Gestaltung von Kommunikation können verschiedene Elemente in den Vordergrund gerückt werden (vgl. hierzu auch Homburg 2009, S. 780ff.); zu berücksichtigen ist dabei grundsätzlich, inwieweit mit der konkreten Ausgestaltung einer bestimmten Maßnahme die oben geschilderten Kommunikationswirkungen erreicht werden können:

- *Inhaltliche* Elemente: Wahl der Sprache (von plakativ bis distinguiert).
- *Visuelle* Elemente: Auswahl des Hauptbildes und ggf. ergänzender Bildelemente, Auswahl der Typografie und Farben, Schriftgröße, Animationselemente (z.b. bewegte Bilder) bei multimedialer Kommunikation.
- *Auditive* Elemente: Musik, Geräusche, Lautstärke, Tonalität
- *Sonstige* Elemente: Geruch, Geschmack, haptische Eindrücke (z.B. Papierqualität bei einem Direktmailing).

Um ein möglichst hohes Maß an Professionalität zu erreichen, sollten beim Einsatz der kommunikationspolitischen Instrumente die vier Phasen der Analyse, Planung, Durchführung und Kontrolle sukzessive (und ggf. auch rekurrierend) durchlaufen werden. Nicht zuletzt unter Berücksichtigung des bei vielen Kulturanbietern geringen Budgets fördert die Orientierung an einem solchen systematischen Prozess Effizienz und Effektivität der Kommunikationspolitik. Tab. 4 zeigt im Überblick, welche Bestandteile in welcher Phase des Kommunikationsprozesses Berücksichtigung finden müssen. Orientierungshilfen bieten

6 Instrumente im Kulturmarketing

bei der gesamten Prozessplanung die so genannten *W-Fragen* der Kommunikation: Wer? Was? Wem? Wie? In welcher Zeit? Wo und warum?

Phasen	Aufgaben
Analyse	*Analyse der Kommunikationssituation*: Aktivitäten der Wettbewerber, Informationsverhalten der Besucher, eigene personelle und finanzielle Ressourcen, Kommunikationstrends etc.
Planung	1. *Festlegung der Kommunikationsziele*: Festlegung operationalisierbarer und realistischer Ziele (z.b. Imageverbesserung, Umsatzerhöhung, Zielgruppenerschließung, Bekanntheitserhöhung, Informationsaustausch)
	2. *Identifizierung der Zielgruppen*: Besucher (Erstbesucher, Stammbesucher, Noch-Nicht-Besucher), allgemeine Öffentlichkeit, Sponsoren, Politiker, Medien etc.; Typologisierung nach soziodemographischen Kriterien (Geschlecht, Alter etc.), psychologischen und verhaltensorientierten Kriterien (Motive, Einstellungen, Lifestyle etc.)
	3. *Festlegung der Kommunikationsstrategie und -botschaft*: Entwicklung strategischer Verhaltenspläne und Entscheidung darüber, in welcher Intensität (konzentrierter vs. konstanter oder pulsierender Einsatz), Gewichtung (klassische vs. moderne Instrumente) und Gestaltung (emotional, kognitiv, sprachlich, visuell etc.) Kommunikationsmaßnahmen umgesetzt werden sollen
	4. *Festlegung des Budgets für die einzelnen Maßnahmen:* Fortschreibung des Kommunikationsbudgets aus vorangegangenen Jahren, Orientierung am Gesamtbudget des Kulturanbieters, Orientierung an Aktionen von Wettbewerbern etc.
Durchführung	*Festlegung von Einzelmaßnahmen der Kommunikation*: z.B. Plakatwerbung, Internet, Anzeigen, Mailings, City-Light-Poster, Social Media
Kontrolle	*Kontrolle des Kommunikationserfolges*: Messung von Aufmerksamkeitswirkung, Verhaltensänderungen, Umsatzerhöhung etc. durch Recall-Tests, Befragungen und Kennzahlenvergleiche

Tab. 4: Planungsprozess der Kommunikation

Bevor in den folgenden beiden Kapiteln der Schwerpunkt auf die vierte Phase des Planungsprozesses und damit auf die zur Verfügung stehenden, traditionellen und neueren Instrumente der Kommunikationspolitik gelegt wird, soll abschließend kurz die Notwendigkeit zur Bestimmung eines angemessenen Budgets thematisiert werden. Zur Festlegung werden in der Regel heuristische Methoden verwandt, die auf Plausibilitätsüberlegungen und Erfahrungen basieren. So orientieren sich Kulturanbieter z.b. am Budget des Vorjahres bzw. der Vorjahre („Fortschreibungsmethode"), an der Höhe des zur Verfügung stehenden Gesamtbudgets („percentage-of-budget-method"), des zu erwartenden Umsatzes oder ggf. Gewinns sowie an den Aktivitäten der Kultur- und Freizeitkonkurrenten („competitive-parity-method"). Alle genannten Methoden verfügen neben dem Vorteil der Einfachheit über gewisse Nachteile und die überall fehlende sachlogische Verknüpfung (Ursache-Wirkungs-Zusammenhang zwischen Budgethöhe und Kommunikationszielen) birgt die Gefahr einer Fehlallokation; sie stellen daher nur Näherungsgrößen für eine zweckgemäße Festlegung des Kommunikationsbudgets dar (vgl. ausführlich hierzu Homburg 2009, S. 753ff. Meffert et al. 2012, S. 725ff.).

6.4.2 Traditionelle Maßnahmen der Kommunikationspolitik

Kulturanbietern steht, wie anderen Organisationen und Unternehmen auch, eine Vielzahl von Kommunikationsmaßnahmen zur Verfügung. Nachfolgend werden zunächst jene vorgestellt, die hier als *traditionell* bezeichnet werden sollen, weil sie bereits seit langem Anwendung finden; hieran im Anschluss (Kapitel 6.4.3) werden *neuere* Maßnahmen skizziert, die sich in der jüngsten Zeit herauskristallisiert haben. Für eine weiterführende Diskussion der Instrumente vgl. ausführlich u.a. Homburg 2009; Meffert et al. 2012; Bernstein 2007.

(1) Werbung

Aufgabe ist der Transport und die Verbreitung werblicher Botschaften über die Belegung ausgewählter Werbeträger mit entsprechenden Werbemitteln. *Werbeträger* sind Medien wie z.b. Zeitungen, Zeitschriften, Szene-Magazine, Plakate, City-Light-Poster, Flyer, Litfaßsäulen, elektronische Videoboards, Magazine von Multiplikatoren (z.B. Busreiseveranstalter), Verkehrsmittel, Rundfunk, Fernsehen und das Internet (Banner). Diese Träger enthalten ein *Werbemittel*, d.h. eine bestimmte Werbeinformation (z.B. die Ankündigung eines Festivals oder einer langen Museumsnacht), um die Aufmerksamkeit der relevanten Adressaten zu gewinnen. Diese Aufmerksamkeit kann über physisch-intensive Reize (Verwendung von Signalfarben, großformatige Darstellungen etc.), emotionale Reize (Darstellung angenehmer Atmosphäre etc.) und kognitive Reize (Verwendung bestimmter Formulierungen, Text-Bild-Ratio etc.) geweckt werden. Werbung zielt aufgrund ihrer großen Reichweite auf eine möglichst breite Zielgruppe ab, verfügt deswegen allerdings auch über hohe Streuverluste.

Praxisbeispiel Werbung

Einer der am häufigsten im Kulturbereich eingesetzten Werbeträger ist das Plakat, das in der Regel standortbezogen auf Dreieck-Ständern, Litfaßsäulen und als City-Light-Poster eingesetzt wird. Kulturanbieter, die ein überregionales Publikum ansprechen wollen, müssen ihre Plakatkampagne entsprechend ausdehnen. So hat die *Hamburger Kunsthalle* bei ihrer Caspar David Friedrich-Ausstellung nicht nur in der Großregion Hamburg 350 Großflächenplakate, 350 City-Light-Plakate, 120 Ganzsäulen und fast 7.000 sonstige Plakate geschaltet, sondern in verschiedenen Großstädten zusätzlich 100 Großflächenplakate, 25 Ganzsäulen sowie 5.000 sonstige Plakate. Darüber hinaus wurde mit 300.000 Flyern und 50.000 Werbepostkarten sowie zahlreichen Anzeigen in der Tagespresse und in Fachzeitschriften geworben; ergänzendes Werbehighlight war die Illumination der Fassade des Alsterhauses. Von den 325.000 Besuchern der Ausstellung kamen drei Viertel von außerhalb Hamburgs, für über 50 Prozent dieser auswärtigen Besucher war der Museumsbesuch der Hauptanlass ihrer Reise (vgl. Hamburger Kunsthalle 2007).

In Zeiten von Social Media (vgl. Kapitel 8) ist es dabei möglich geworden, einige der klassischen Werbeträger, wie z.B. das Plakat oder Anzeigen, durch weiterführende Informationen anzureichern. Wo früher der limitierte Platz auf Plakaten und in Anzeigen die Beschränkung auf einige wenige Informationen erforderte, können nun mit Hilfe der QR-Codes (vgl. Kapitel 6.3) zusätzliche (visuelle) Informationen geliefert werden. So hat z.B. das *Staatstheater Darmstadt* auf seinen Plakaten und Anzeigen zum Stück „Mutter Courage" solche QR-Codes verwendet. Diese führten zu einem Filmcomic, der die Geschichte in wenigen Sekunden zusammenfasste. Anvisierte Zielgruppe dieser Aktion war in erster Linie das jüngere Publikum (vgl. Contag-Lada 2008).

(2) Öffentlichkeitsarbeit (Public Relations)

Beinhaltet die planmäßige Gestaltung der Beziehungen zwischen einem Kulturanbieter und gesellschaftlichen Gruppen im Allgemeinen (z.B. Bevölkerung am Standort des Kulturanbieters, Medienvertreter, Behörden, Politiker, Fachwelt) sowie Anspruchsgruppen im Speziellen (z.B. Mitarbeiter, Lieferanten, Besucher). Ziel ist es, um Verständnis zu werben und Vertrauen zu schaffen und insgesamt ein positives Image bei den relevanten Zielgruppen zu aufzubauen.

Hinsichtlich der Erscheinungsformen lassen sich folgende Typen der Öffentlichkeitsarbeit unterscheiden: *leistungsbezogene* (z.B. Zeitungsartikel über die museumspädagogische Arbeit in einem Museum), *kulturbetriebsbezogene* (z.B. Bericht über die Entwicklung von Besuchszahlen eines Theaters) und *gesellschaftsbezogene* (z.B. Stellungnahme der Museumsleitung zu der Bedeutung des Kunstunterrichts in Schulen). Konkrete Ausgestaltung findet die Öffentlichkeitsarbeit u.a. Informations- und Imagebroschüren, Pressekonferenzen, redaktionellen Beiträgen in Zeitschriften oder Zeitungen, Newslettern, Mitarbeiterzeitungen und auf Websites.

Im Kulturbereich stellt die Kommunikation mit der Presse ein zentrales Aufgabenfeld der Öffentlichkeitsarbeit dar. Wichtige Maßnahmen sind: regelmäßige, aktuelle Presseberichte bzw. -veröffentlichungen, professionell durchgeführte Pressekonferenzen, laufende Einstellung aktueller Meldungen auf der Homepage sowie z.B. Interviews von Führungskräften. Des Weiteren zu nennen ist eine laufende Wirkungskontrolle, z.B. über die Analyse von Art und Umfang der Berichterstattung („Pressespiegel"). Eine gute Pressearbeit zeichnet sich dadurch aus, dass möglichst frühzeitig der Austausch mit den Medien und sonstigen Multiplikatoren gesucht wird. Auf diese Weise können bestimmte Themen des Kulturanbieters rechtzeitig – und vor denen der Wettbewerber – in der Presse untergebracht und in der Wahrnehmung der Öffentlichkeit verankert werden.

Praxisbeispiel Pressearbeit

Nach Abschluss ihrer Caspar David Friedrich-Ausstellung protokollierte die *Hamburger Kunsthalle* 619 Berichte und Meldungen in Tageszeitungen, 22 Artikel in Wochenzeitungen, 162 Berichte und Meldungen in Fernsehen und Radio, 15 Artikel in Kunstzeitschriften und 48 Meldungen von Presseagenturen; 15 Pressemeldungen zu Begleitveranstaltungen im viermonatigen Ausstellungszeitraum waren ebenfalls Bestandteil der Pressearbeit. Weitere Maßnahmen beinhalteten eine umfassende Pressemappe sowie eine Pressereise nach Dresden auf den Spuren des Malers, um interessierten Journalisten eine Vertiefung ihres Hintergrundwissens zu ermöglichen. Die Ergebnisse einer groß angelegten Marktforschungsstudie mit über 3.000 Besuchern zeigten, dass für ein Drittel des auswärtigen Publikums die Berichterstattung in der Presse der entscheidende Anlass ihres Besuchs war (Hamburger Kunsthalle 2007).

6 Instrumente im Kulturmarketing

(3) Persönlicher Verkauf

Die persönliche Kommunikation von Mitarbeitern eines Kulturbetriebs mit (potenziellen) Besuchern wird im Marketing als „Personal Selling" oder als „Persönlicher Verkauf" bezeichnet. Gerade in Kulturinstitutionen ist der persönliche Kontakt zu den Zielgruppen ein besonders wichtiges Instrument der Besucherorientierung. Trotz der Kostenintensität dieses Instruments ist das Personal Selling, das im Kulturmarketing auch als „persönliche Angebotsvermittlung" bezeichnet werden kann, ein zieladäquates Marketinginstrument, das mit der Distributionspolitik in engem Zusammenhang steht, im Kern aber Bestandteil der Kommunikationspolitik ist.

Persönlicher Kontakt wird im Kulturbereich häufig erwartet und ist geeignet, die Kultur-, Bildungs- und sozialen Ziele von Kulturbetrieben in besonderer Weise zu repräsentieren. Die persönliche Angebotsvermittlung hat einen hohen Stellenwert im Rahmen von Besuchergewinnungs- und Besucherbindungsstrategien (vgl. Laukner 2008) sowie im Rahmen der Marktsegmentierung, wenn zielgruppenspezifisches Vorgehen im Mittelpunkt steht (Kapitel 5.2). Sie ermöglicht maßgeschneiderte Angebote („Customizing"), flexible Reaktion und Anpassung, intensive Besucherbetreuung und schnelles Feedback. Beispiele für Personal Selling sind: der beratende Kontakt an einer Theatervorverkaufskasse oder im Museumsshop; der Rat des Galeristen oder Kunsthändlers gegenüber einem Kaufinteressenten oder Sammler; der Einfluss des „Führungspersonals" bei einer gelungenen Gruppenführung durch eine Ausstellung; das persönliche Gespräch eines Theater- oder Museumsverantwortlichen im Falle des Angebots einer Eigenproduktion an einen anderen Kulturbetrieb; die Verhandlungen eines Leiters Verkauf/Services in einem Theater mit den Besucherorganisationen (Theatergemeinden, Besucherringen).

(4) Events

Besondere, ggf. sogar einmalige Veranstaltungen oder Ereignisse, die als Plattform für eine angenehme, zwanglose, erlebnis- und dialogorientierte Präsentation von kulturellen Angeboten geeignet sind. Durch die mit einem Event einhergehenden emotionalen Stimuli sollen Aktivierungsprozesse bei den Besuchern bzw. einzelnen Besuchergruppen (junge Besucher, Familien etc.) in Bezug auf bestimmte Dienstleistungen oder die Kultureinrichtung als Ganzes (z.B. im Hinblick auf das Image eines Hauses) ausgelöst werden. Typische Beispiele für Events im Kulturbereich sind die „Langen Nächte der Museen/Theater", aber auch Premierenfeiern, Vernissagen oder der „Tag der offenen Tür".

(5) Verkaufsförderung (Promotion)

Umfasst zeitlich begrenzte Maßnahmen, die dazu dienen, bei aktuellen und potenziellen Zielgruppen kurzfristig (zusätzliche) Anreize zum Besuch einer Kultureinrichtung oder -veranstaltung zu setzen. Wenngleich verkaufsfördernde Aktionen den Adressaten auch Informationen liefern können, geht es in erster Linie um eine (emotionale) Beeinflussung der jeweiligen Zielgruppe. Damit müssen die Maßnahmen über einen entsprechenden Anreiz- und Aufforderungsgehalt verfügen. Mögliche Aktionen der Verkaufsförderung von Kulturanbietern sind u.a. „Schnupper"-Stunden für Kinder (Einführung in theaterpädagogische Programme etc.), Ausschreibung von Gewinnspielen, Verteilung von Produktproben (aus dem Shop, Gratis-CDs etc.) und Gutscheine (z.b. für einen ermäßigten Eintritt eines Konzerts oder den ermäßigten Erwerb eines Produktes aus dem Theatershop).

(6) Messen

Zeitlich und örtlich festgelegte Veranstaltungen, auf denen neben der Möglichkeit zur allgemeinen Leistungspräsentation und Selbstdarstellung von Kulturanbietern die Gelegenheit zur Informierung eines Fachpublikums und der interessierten Allgemeinheit besteht. Darüber hinaus ist ein unmittelbarer, persönlicher Austausch mit beiden Interessengruppen möglich sowie die Gelegenheit zum direkten Vergleich mit den relevanten Wettbewerbern (oder zur Anbahnung von Kooperationen). Vor allem im Zusammenhang mit dem zunehmenden Interesse an der Bearbeitung bestimmter Besuchersegmente, wie z.B. den Kulturtouristen, steigt die Bereitschaft von Kulturanbietern, sich an thematisch entsprechend ausgerichteten Messen wie etwa der Internationalen Tourismusbörse in Berlin (ITB) zu beteiligen.

(7) Direktmarketing

Hier wird eine persönliche, individualisierte Ansprache einzelner Adressaten vorgenommen. Als Mittel eignet sich im Kulturbereich sowohl der gezielte Versand von Werbebriefen oder -mails (Direct Mailing) an namentlich bekannte Personen – zuweilen mit der Aufforderung zur Rückantwort (z.B. um einen Eintrittskarten-Rabatt in Anspruch nehmen zu können) – als auch die persönliche Ansprache von Zielpersonen (z.B. an einem Informationsstand in der Kultureinrichtung selbst oder im Rahmen des Telefonmarketing). Das Direktmarketing ist damit wie die Verkaufsförderung ein Instrument der persönlichen Kommunikation. Ein wesentlicher Erfolgsbestandteil von Maßnahmen der Direktkommunikation liegt in einer verlässlichen, regelmäßig aktualisierten Datenbank ohne „Karteileichen".

Praxisbeispiel Direktmarketing

Bei der Ausstellung „Van Gogh: Felder – Das Mohnfeld und der Künstlerstreit" der *Kunsthalle Bremen* wurden Multiplikatoren und überregionale Zielgruppen mit ausgefallenen Direct Mailings auf das bevorstehende Ausstellungsereignis aufmerksam gemacht. So wurde z.b. ein Sonderprospekt mit einem Tütchen Mohnsamen an 9.000 Adressaten (Reiseveranstalter, Busunternehmer, Kunstvereine, Volkshochschulen, private Reisegruppen) versendet.

(8) Online-Kommunikation

In diesen Bereich fällt die Vermittlung von Botschaften und Informationen mittels elektronischer Medien (z.b. via Homepage, E-Mail, elektronische Gästebücher, Downloadoptionen oder Bannerwerbung). Das zentrale Merkmal der Online-Kommunikation ist die Möglichkeit zur direkten Interaktion zwischen Sender und Empfänger. Im Vergleich zu traditionellen Maßnahmen der Kommunikationspolitik ist die Online-Kommunikation darüber hinaus wesentlich schneller und verfügt über eine große, überregionale Reichweite sowie einen deutlichen Preisvorteil (z.b. Wegfall von Material- und Druckkosten). Die Nichtlinearität des Internet ermöglicht zudem eine Vielzahl von Querverweisen in unbegrenzter Breite und Tiefe; durch diese so genannte Hypermedialität kann sich der User eine Vielzahl von zusätzlichen Informationen erschließen. Neben Banner-Werbung, Suchmaschinenwerbung, E-Mails, Newsletter etc. haben in jüngster Zeit weitere Instrumente an Bedeutung gewonnen, die im folgenden Kapitel vorgestellt werden.

6.4.3 Neuere Maßnahmen der Kommunikationspolitik

Die zunehmende Flut von Werbebotschaften stößt bei den Nachfragern auf grundsätzlich beschränkte Aufnahmekapazitäten, eine nachlassende Aufnahmebereitschaft und zuweilen sogar Reaktanz. Unternehmen aus verschiedenen Wirtschaftsbranchen versuchen deshalb zunehmend, durch den Einsatz neuer Instrumente Aufmerksamkeit zu gewinnen. Einige dieser Maßnahmen sind auch für den Kulturbereich nutzbar und werden, wie im Fall von Social Media, z.T. bereits eingesetzt. Wenngleich damit insgesamt dafür plädoyiert wird, dass

Kulturbetriebe sich nicht auf den Einsatz traditioneller Instrumente beschränken sollten, so bleibt jedoch grundsätzlich abzuwägen, inwieweit die durch die Anwendung neuer Maßnahmen entstehenden Kosten (z.b. Schulung oder Neueinstellung von Personal, Kauf neuer Soft- und Hardware) im Verhältnis zum Nutzen (Aufmerksamkeitswirkung, Imagepflege als moderner Kulturbetrieb etc.) stehen.

(1) Social Media

Zentrales Merkmal von Social Media ist die Integration der Nutzer in die kommunikationspolitischen Aktivitäten eines Kulturanbieters, der Inhalte im Internet nicht länger (allein) vorgibt, sondern auch von Nutzern generieren und zwischen Freunden, Bekannten oder anderen Gleichgesinnten austauschen lässt. Typische Anwendungen von Social Media sind z.B. Weblogs (Online-Tagebücher mit Kommentarfunktion), Wikis (z.B. Wikipedia), Content Communities (z.B. YouTube) und Social Networks (z.B. Facebook). Da die Bedeutung von Social Media nicht nur für die Kommunikationspolitik von Kulturbetrieben, sondern für das Marketing insgesamt sehr hoch ist, soll diesem Thema nachfolgend ein eigenes Kapitel gewidmet werden (vgl. Kapitel 8).

(2) Mobile Marketing

Mobile Marketing umfasst die Kommunikation über mobile Endgeräte (v.a. Smartphones) und erfolgt auf zwei Wegen. Beim *Push-Prinzip* informiert ein Kulturanbieter seine Zielgruppe durch regelmäßige Mitteilungen (z.B. per SMS oder MMS). Es ist zu beachten, dass solche Push-Mitteilungen („Push Notification Service") ausschließlich jene Nutzer erhalten sollten, die einem solchen Dienst ausdrücklich zugestimmt haben, da ansonsten mit negativen Reaktionen gegenüber den – als unerwünschtes Eindringen in einen privaten Bereich empfundenen – Kommunikationsmaßnahmen des Kulturbetriebs gerechnet werden muss.

Beim *Pull-Prinzip* werden potenzielle Nachfrager durch Hinweise in traditionellen Medien (Flyer, Plakate, Anzeigen etc.) – z.B. über die bereits erwähnten QR-Codes (vgl. u.a. Kapitel 6.3) – auf das Mobile Marketing des Kulturanbieters aufmerksam gemacht. Interessierte können sich dann per SMS registrieren oder den QR-Code einlesen. Die schnelle Umsetzbarkeit mobiler Kommunikationsmaßnahmen sowie die damit einhergehenden *viralen Effekte* (d.h. die Nachrichten können sich wie ein „Virus" epidemisch und in großer Geschwindigkeit in den sozialen Netzwerken eines Nutzers ausbreiten) machen das Mobile Marketing attraktiv.

6 Instrumente im Kulturmarketing

Anders als zum Zeitpunkt der Drucklegung der ersten Auflage dieses Buches – zu dem das *schauspielfrankfurt* noch Besucher, die sich auf der Website des Theaters mit ihrer Mobilnummer registriert hatten, wöchentlich über Sonderverkaufs- und Restkartenaktionen per SMS informierte (vgl. Günter/Hausmann 2009, S. 81) – konnte bei der Drucklegung der zweiten Auflage kein Kulturbetrieb recherchiert werden, der das Mobile Marketing aktuell in dieser Form nutzt. Auch das *schauspielfrankfurt* hat, wie die *Oper Leipzig* (vgl. Hausmann 2005, S. 122), diesen Dienst mittlerweile eingestellt. Ausschlaggebende Gründe hierfür können z.B. fehlender Besucherzuspruch, fehlende Möglichkeiten zur Erfolgsmessung oder Kapazitätsengpässe sein. Darüber hinaus setzt sich mit den so genannten *Applikationen* (kurz: Apps) ein neues Instrument des Mobile Marketing durch. Zunehmend mehr Kulturbetriebe und -projekte aus allen Sparten (z.B. *Theater Erfurt*, *documenta 13*) nutzen im Rahmen ihres Mobile Marketing eine solche Anwendungssoftware, die nützliche Funktionen enthält und sich von den Nachfragern auf dafür technisch gerüstete Mobiltelefone laden lässt.

Praxisbeispiel Mobile Marketing

Das *NRW-Forum Düsseldorf* kann ohne Zweifel als einer der Vorreiter bei der Anwendung neuerer Methoden der Kommunikationspolitik bezeichnet werden. Nicht nur verzeichnet das Haus im Vergleich mit anderen Museen kontinuierlich die meisten Nutzerzahlen in Social Media (vgl. Kapitel 8), sondern es ist auch im Mobile Marketing sehr aktiv. Neben den allgemeinen Basisinformationen für Besucher (z.B. Öffnungszeiten, Eintrittspreise) bietet die museumseigene App „NRW Forum to go" u.a. Informationen zur aktuell laufenden Ausstellung, den jeweiligen Audioguide, einen Videoblog mit Künstlerfilmen und einen Locationguide „Around the NRW-Forum" mit Ausgeh- und Übernachtungstipps als Googlemaps-Anwendung. Darüber hinaus ist ein aktueller Twitter-Feed integriert (vgl. NRW-Forum Düsseldorf 2012).

(3) Guerilla Marketing

Guerilla Marketing umfasst unkonventionelle, kreative und zeitlich begrenzte Maßnahmen, die auf eine große Resonanz in den Medien und der allgemeinen Öffentlichkeit stoßen (vgl. Levinson 1984). Die Aktionen zeichnen sich dabei durch Einfachheit und Einmaligkeit aus, d.h. sie sollen leicht verständlich und preisgünstig sowie nicht replizierbar sein. Während die klassische Werbung durch Wiederholung Wirkung erzielen will, steht dem Guerilla Marketing nur eine begrenzte Zeit zur Verfügung, um durch singuläre, oft subversive Aktionen

Aufmerksamkeit zu erregen und Mundwerbung zwischen Passanten, Neugierigen, Freunden und Bekannten anzustoßen.
Guerilla Marketing setzt damit wie das Mobile Marketing auf den Multiplikatoren- bzw. den viralen Effekt und eine selbständige Weiterverbreitung von Botschaften innerhalb von (sozialen) Netzwerken. Hier liegt allerdings auch die Gefahr: Einmal angestoßen lassen sich öffentliche Diskussionen, etwa in Internetforen und Blogs, kaum noch durch den Anbieter kontrollieren.

Praxisbeispiele Guerilla Marketing

Das *Düsseldorfer Schauspielhaus* hat in einer zeitlich beschränkten Aktion Fotokopien in Größe und Art von Polaroid-Bildern im Innenstadtbereich von Düsseldorf verteilt. Auf der Vorderseite waren dunkel gekleidete Damen und Herren mit einer „handgeschriebenen" Telefonnummer abgebildet, nur auf der Rückseite gab es einen kleinen Hinweis auf die Website des Theaters. Wessen Neugier aufgrund der zahlreichen Polaroid-Bilder auf Parkbänken, Fahrradgepäckträgern etc. geweckt war und wer sich dazu entschloss, die Telefonnummer zu wählen, der wurde mit dem Abonnenten-Büro des Hauses verbunden; die Damen und Herren gehörten zum Schauspielensemble.
Ähnlich ist das *Theater Bremen* vorgegangen, das Ende 2011 Zettel an die Lenker von Fahrrädern heften ließ. Diese Zettel enthielten einen QR-Code, der Interessierte auf die Internetseite der neuen Produktion „Leonce und Lena" des Theater führte. Von beiden Praxisbeispielen ist leider nicht bekannt, welchen Erfolg sie verzeichneten. Zu berücksichtigen ist jedoch grundsätzlich, dass möglicherweise nicht jeder Besitzer darüber begeistert ist, wenn an seinem Fahrrad, Auto etc. ungefragt Werbematerial befestigt wird. Aktionen des Guerilla Marketing sind daher immer auch dahingehend zu prüfen, inwieweit sie ungewünschte negative Reaktionen bei den anvisierten Zielgruppen hervorrufen können.

(4) Ambient Marketing

Bezieht sich auf Kommunikationsmaßnahmen, bei denen bestimmte Werbeträger unmittelbar im Lebens- und Arbeitsumfeld einer anvisierten Zielgruppe eingesetzt werden und sich so unauffällig in deren Konsum- und Freizeitgewohnheiten integrieren. Dies soll die Kontaktqualität und Werbeakzeptanz erhöhen und sich damit insgesamt positiv auf Bekanntheit und Sympathie einer Marke auswirken. Orte, an denen Maßnahmen des Ambient Marketing eingesetzt werden, sind z.B. in der Gastronomie, Schulen und Universitäten, in Fitnesscentern und Kinos zu finden. Typische Träger des Ambient Marketing sind

Postkarten (z.B. Grußkarten von *Edgar*) und Pappaufsteller, aber auch Werbung auf der Brötchentüte von Bäckereien oder Werbeflächen auf Klapptischen im Flugzeug.

(5) Ambush Marketing

Unter Ambush Marketing wird die Ausrichtung von Kommunikationsmaßnahmen auf einen (sportlichen) Großanlass verstanden, ohne dass jedoch – anders als beim Sponsoring – eine vertragliche Beziehung zum Veranstalter besteht. Zentrale Zielsetzung des Ambush Marketing ist ein positiver Imagetransfer vom Event auf das eigene Unternehmen, obgleich für diesen kommunikativen Nutzen keine Gegenleistung erbracht wird. Auch wenn Kultureinrichtungen in der Regel eher Sponsoring*nehmer* sind, können sie Ambush Marketing anwenden und von dem Image eines Sportevents profitieren. So haben z.b. im Umfeld der Fußballweltmeisterschaft 2006 in Deutschland zahlreiche Kultureinrichtungen (v.a. Museen und Theater) Kern- und Zusatzleistungen mit Bezug zum Fußball angeboten.

6.4.4 Mundwerbung – Empfehlungen von Besuchern

Mundwerbung wird hier verstanden als die informelle, positive oder negative Berichterstattung zwischen Menschen (Freunde, Kollegen etc.) über Eigenschaften und Leistungen von Kulturanbietern (allgemein hierzu Helm 2000, S. 7ff.). Das Wirkungsspektrum der Mundwerbung hat weitreichende Konsequenzen für den Kulturanbieter. So sind zufriedene Nachfrager eine wichtige Voraussetzung für die Gewinnung neuer Besucher. Umgekehrt birgt die Diffusion von Unzufriedenheit im Marktumfeld große Risiken. Unzufriedene Besucher kommen u.U. nicht nur nicht wieder, sondern raten möglicherweise auch anderen von einem bestimmten Kulturanbieter bzw. der Inanspruchnahme seiner Leistungen ab. Aus Untersuchungen im Unternehmensbereich ist in diesem Zusammenhang eine Verhältnisregel von 1 zu 11 bekannt (vgl. Wilson 1991, S. 28ff.): Auf jeweils eine Person, die bereit ist, sich positiv zu äußern, kommen elf, die sich nur negativ äußern.

Vor diesem Hintergrund ist es wichtig, Zusammenhänge und Auswirkungen der kommunikativen Verhaltensweisen von Besuchern zu erkennen, um daraus hilfreiche Handlungsimplikationen für Kulturanbieter abzuleiten. Denn Mundwerbung gilt im Kulturbereich als ein besonders bedeutendes „Instrument" der Kommunikationspolitik (siehe hierzu auch das nachstehende Praxisbeispiel), das die Kulturanbieter zwar nicht direkt, dafür aber auf vielfältige

Weise indirekt beeinflussen können (vgl. Hausmann 2012b, S. 20ff.). Folgende Merkmale der Mundwerbung unter Besuchern sind Bestandteil ihrer Wirksamkeit (vgl. Helm 2000, S. 138):

- Glaub- und Vertrauenswürdigkeit des Gegenübers,
- Ähnlichkeit der Gesprächspartner,
- Möglichkeit zu Feedback/Rückfragen/Ergänzungen,
- keine finanziellen Eigeninteressen des Gesprächspartners,
- soziale Kontrolle der Gesprächssituation.

Praxisbeispiel Mundwerbung

Bei der Caspar David Friedrich-Ausstellung der *Hamburger Kunsthalle* konnte im Rahmen einer umfangreichen Markforschungsstudie mit über 3.000 Besuchern festgestellt werden, dass für 26 Prozent der Besucher die Werbung, für 26 Prozent die Presseberichterstattung und für ebenfalls 26 Prozent die persönlichen Empfehlungen von Freunden, Bekannten etc. Hauptauslöser für den Ausstellungsbesuch waren (vgl. Hamburger Kunsthalle 2007).

Besucherzufriedenheit (Abb. 16) gilt in diesem Zusammenhang als ein Schlüsselkonzept für die Stimulierung von Mundwerbung (allgemein hierzu Helm 2000, S. 47ff.). Besucherzufriedenheit stellt das Resultat eines komplexen psychischen Vergleichsprozesses dar: Das Publikum stellt seine Erwartungen an die Leistungen eines Kulturanbieters (Soll-Wert) den subjektiv wahrgenommen Leistungen (Ist-Wert) gegenüber. Ein Besucher wird immer dann zufrieden sein, wenn der Anbieter bzw. das Leistungsangebot seine Erwartungen erfüllen oder sogar übertreffen konnte. Dabei beeinflusst eine Vielzahl von Faktoren das Zufriedenheitsurteil des Besuchers: Neben der Kernleistung wirken sich insbesondere die Leistungen in den Zusatzbereichen auf das Zufriedenheitsurteil des Besuchers aus (vgl. Helm/Klar 1997, S. 22).

In Abbildung 16 ist der Entstehungsprozess von Besucherzufriedenheit schematisch dargestellt. Hieraus wird deutlich, dass die *Leistungserwartung* des Besuchers vor allem beeinflusst wird durch

- seine eigenen Wünsche, Bedürfnisse und (bisherigen) Erfahrungen mit dem Kulturanbieter bzw. anderen Freizeit- und Dienstleistungsbetrieben,

6 Instrumente im Kulturmarketing

- Kommunikationsmaßnahmen des Kulturanbieters (Werbung, Verkaufsförderung, Internet etc.) und
- den Informationsaustausch mit anderen („interpersonelle Kommunikation").

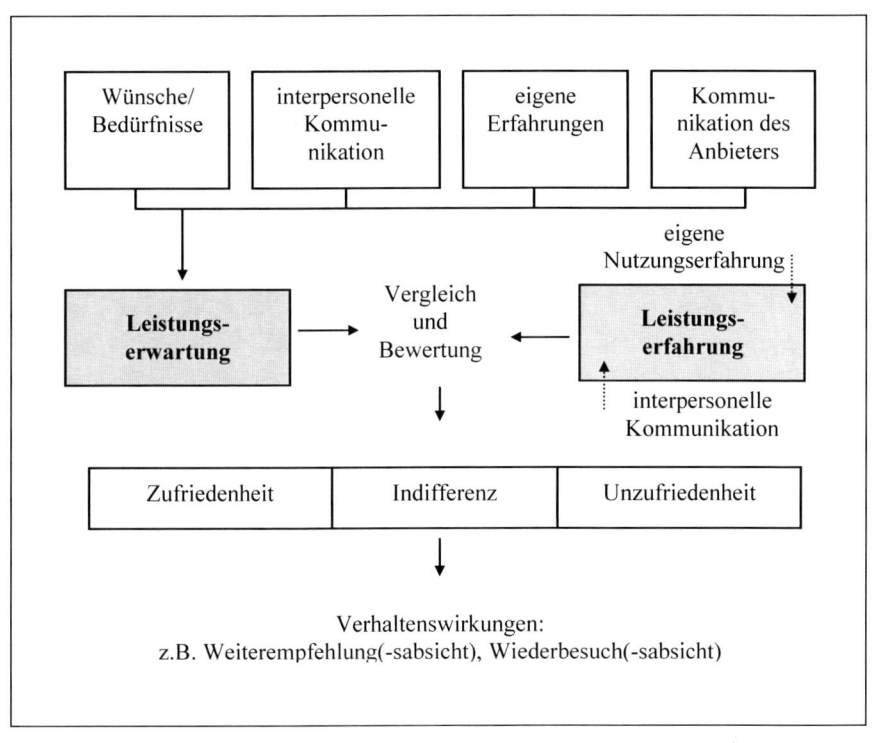

Abb. 16: Die Entstehung von Besucherzufriedenheit (Zufriedenheitsmodell)

Weiterempfehlungen tragen also dazu bei, andere (potenzielle) Besucher in der Bildung ihres individuellen Vergleichsstandards sowie bezüglich der Wahrnehmung des Leistungserlebnisses zu beeinflussen. Auch die tatsächliche *Leistungserfahrung* beruht vielfach nicht nur auf eigenen Anwendungs- bzw. Nutzungserfahrungen, sondern ebenso auf dem Erfahrungsaustausch mit befreundeten Begleitpersonen oder fremden Dritten, mit denen in der Pause einer Lesung oder nach einer Aufführung über das Dargebotene gesprochen wird (vgl. hierzu Helm 2000, S. 49).

Es wird in der Literatur allgemein davon ausgegangen, dass – neben anderen, tatsächlichen oder beabsichtigten Verhaltenswirkungen wie Wiederbesuch oder „Cross-Buying" (allgemein hierzu Homburg/Fassnacht 2001) – zufriedene Besucher eher als andere Besucher dazu bereit sind, Empfehlungen auszusprechen und so ihren Familien-, Freundes- oder Kollegenkreis positiv zu beeinflussen und zur Wahrnehmung von Leistungen des betreffenden Kulturanbieters anzuregen. Es sollte daher oberstes Ziel im Kulturmarketing sein, die zentralen Bedürfnisse von Besuchern zu kennen und – unter Berücksichtigung der „corporate mission" und obersten Kulturbetriebsziele (Kapitel 3) – zu erfüllen, die Erwartungen durch entsprechende kommunikationspolitische Maßnahmen zu formen und über ein kontinuierliches Qualitätsmanagement die langfristige Besucherorientierung auf Seiten des Kulturanbieters bzw. die Zufriedenheit auf Seiten der Kulturnachfrager sicherzustellen.

6.5 Wirkungszusammenhänge im Marketingmix

Der Erfolg des Marketing hängt in der Regel nicht von einzelnen Instrumenten ab, sondern von der Gesamtkonzeption und damit von der Abstimmung der einzelnen Instrumente aufeinander („integratives Marketing"). Bei der Planung des Marketingmix ist im Hinblick auf die Erreichung der Marketingziele daher die Frage zu beantworten, welche Marketinginstrumente wie auszugestalten und mit welcher Intensität einzusetzen sind. Da zwischen den einzelnen Instrumenten vielfältige Wechselbeziehungen bestehen, gilt die sorgfältige Abstimmung der einzelnen Instrumente aufeinander als ein wesentlicher Erfolgsfaktor im Kulturmarketing.

Diese Wechselbeziehungen können sowohl *indifferent* (ein Instrument verhält sich neutral gegenüber dem Einsatz eines oder mehrerer anderer Instrumente), *komplementär* (die Anwendung eines Instruments fördert die Wirkung eines oder mehrerer anderer Instrumente) als auch *konkurrierend* (die unterschiedlichen Wirkungseffekte verschiedener Instrumente konterkarieren sich) sein.

Wie oben bereits ausgeführt, muss die Kommunikationspolitik z.B. bezüglich ihrer Botschaften (Inhalt, Form, Anmutung) und der gewählten Informationsträger in Einklang stehen mit der Leistungspolitik und dem sonstigen Image eines Kulturanbieters. Ansonsten werden die vorab gebildeten Erwartungen des Besuchers an ein Kulturangebot nicht mit seinem tatsächlichen Erlebnis übereinstimmen und es kommt zu Unzufriedenheit und negativer Mundwerbung (vgl. Kapitel 6.4.4). Analog muss eine Hochpreisstrategie für eine bestimmte Kulturleistung flankiert werden durch entsprechende Qualitätssicherungsmaßnahmen im Bereich der Leistungs- und Distributionspolitik.

Insgesamt erlaubt nur die abgestimmte Kombination der marketingpolitischen Instrumente und die Sicherstellung eines integrierten Marketingmix eine

6 Instrumente im Kulturmarketing

effektive und effiziente Mittelverwendung der knappen Ressourcen von Kulturanbietern. Dabei wird die umfassende Ausschöpfung des mit dem Marketingmix verbundenen Potenzials und die differenzierte Anwendung der zahlreichen zur Verfügung stehenden Instrumente in erster Linie großen Kulturanbietern mit einem entsprechenden Budget vorbehalten bleiben; kleinere Anbieter werden sich auf einige ausgewählte Maßnahmen beschränken müssen. Ungeachtet dessen ist es jedoch für jeden Kulturbetrieb sinnvoll, die verschiedenen möglichen Marketingmaßnahmen nach ihrer Dringlichkeit und Wichtigkeit zu priorisieren (vgl. Abb. 17).

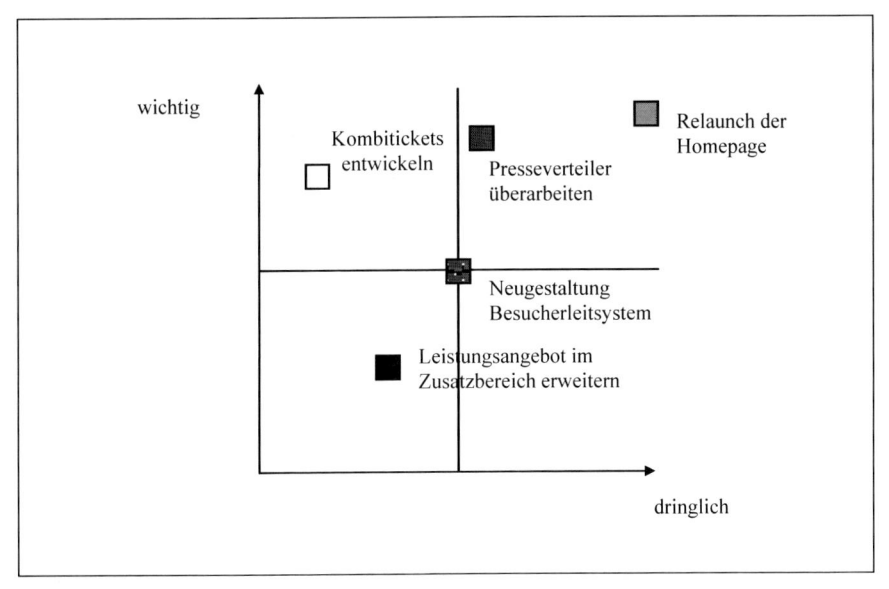

Abb. 17: Wichtigkeits-Dringlichkeits-Matrix (Beispiel)

Zu diesem Zwecke sollten im Vorfeld der Entscheidungsfindung einige Fragen geklärt werden:

- Welche Maßnahmen sind im Hinblick auf angestrebte Wettbewerbsvorteile und Positionierung, Besucherorientierung und Servicequalität vorrangig?
- Welche Maßnahmen lassen sich schnell und mit einem verhältnismäßig geringen (finanziellen, personellen) Aufwand umsetzen?

- Welche Wechselwirkungen bestehen zwischen verschiedenen möglichen Instrumenten und wie können Synergieeffekte möglichst wirksam ausgenutzt werden?
- Welche Maßnahmen sind zwar grundsätzlich wünschenswert, aber unter Berücksichtigung der finanziellen und personellen Kapazitäten zu einem bestimmten Zeitpunkt letztlich mit unverhältnismäßigem Aufwand für einen Kulturanbieter verbunden?

7 Social Media im Kulturmarketing

7.1 Entwicklung, Funktionsweise und Definition

Durch die Entwicklung neuer internetbasierter Angebote hat sich die mediale Landschaft innerhalb weniger Jahre stark verändert. Vor allem die Nutzung von Social Media nimmt mit rasanter Geschwindigkeit zu. Zahlreiche erfolgreiche Anwendungen existieren erst seit wenigen Jahren, wie z.b. Facebook (seit 2004), YouTube (seit 2005) oder Twitter (seit 2006), und verfügen dennoch bereits über Millionen Nutzer weltweit. So hat beispielsweise Facebook zum Zeitpunkt der Drucklegung dieses Buches – nach eigenen Angaben – über 900 Millionen Mitglieder, YouTube wird von über 800 Millionen Nutzern besucht und über Twitter kommunizieren 140 Millionen Personen (vgl. Facebook 2012; YouTube 2012; Twitter 2012).

Das Phänomen Social Media stößt aber nicht nur in der Praxis, sondern auch in der Theorie auf große Resonanz. Dementsprechend liegt bereits eine Vielzahl von sowohl populärwissenschaftlichen als auch theoretisch und empirisch fundierten Publikationen zum Thema vor (z.B. Bauer et al. 2008; Hass et al. 2008; Weinberg 2009; Kaplan/Haenlein 2010; Miller/Lammas 2010; Hausmann 2012a; 2012b; 2012f). Eine einheitliche Abgrenzung und Begriffsdefinition hat sich allerdings bislang noch nicht durchgesetzt. Erschwerend kommt hinzu, dass Begriffe wie Web 2.0 und Social Software zum Teil synonym, zum Teil in Abgrenzung zu Social Media verwendet werden (vgl. hierzu Hippner 2006; Alby 2008; Hettler 2010). Als inzwischen mehrheitlich in der Forschung akzeptiert gilt zumindest, dass Social Media onlinebasierte Anwendungen umfassen, die die Vernetzung, Interaktion und den Beziehungsaufbau mit sowie zwischen den Nutzern ermöglichen (vgl. u.a. Evans 2008; Meerman Scott 2010; Kaplan/Haenlein 2010, S. 61).

Gegenüber klassischen Kommunikationsinstrumenten (vgl. Kapitel 6.4) zeichnen sich Social Media dadurch aus, dass tradierte Sender-Empfänger-Modelle erodieren (vgl. Abb. 15) und die Rolle des Empfängers von Botschaften nachhaltige Veränderung erfährt. Dieser ist nicht länger nur Rezipient, sondern er kann selbst – und das mit vergleichsweise geringem Aufwand – Inhalte erschaffen, verändern und/oder verbreiten. Aus dem so genannten „One-to-Many-Modell" traditioneller Kommunikationsformen (z.B. bei Plakat- oder Radiowerbung) ist ein „Many-to-Many-Modell" erwachsen und die in diesem Zusammenhang viel zitierte „Weisheit der Menge" versuchen Anbieter dadurch zu nutzen, dass sie Inhalte nicht mehr (alleine) vorgeben, sondern (auch) von den Nutzern generieren und zwischen Netzwerkpartnern austauschen lassen (vgl. z.b. Weinberg 2009; Bernann 2010). Folgende weitere Merkmale sind aus Sicht der Autoren typisch für Social Media:

- *Aktualität*: Anders als bei anderen Kommunikationsinstrumenten (z.B. Plakat, Anzeige) entsteht bei Social Media kaum Zeitverlust zwischen der Einstellung und dem Abruf von Informationen; Anwendungen wie Facebook, YouTube oder Twitter verfügen damit über eine sehr hohe Informationsaktualität.

- *Viralität:* Zudem können die Botschaften mit Hilfe webbasierter Anwendungen – v.a. in den sozialen Netzwerken, in denen manche Mitglieder Hunderte von so genannten „Freunden" oder „Folgern" haben, – epidemisch („viral") verbreiten und damit viel größere Kommunikationswirkungen gegenüber den traditionellen Kommunikationsinstrumenten entfalten, die in ihrer Reichweite zwangsläufig beschränkt bleiben.

- *Glaub- und Vertrauenswürdigkeit*: Durch die Vernetzung der einzelnen Nutzer untereinander kann bei der Verbreitung von Nachrichten über Social Media des Weiteren von einer zielgruppenspezifischen Weiterempfehlung und einem entsprechenden Interesse an den Inhalten auf Seiten des Empfängers ausgegangen werden. Da der Absender dem Empfänger häufig persönlich bekannt ist, erhält die Botschaft eine höhere Glaub- und Vertrauenswürdigkeit.

- *Multimedialität*: Social Media bieten den Vorteil, dass zur Informationsvermittlung und Verbreitung von Botschaften zahlreiche Gestaltungselemente eingesetzt werden können. Zu diesen zählen beispielsweise Texte, Fotos, Videos, Audio-Dateien sowie Verlinkungen zu anderen und/oder weiterführenden Inhalten. In welchem Umfang diese Elemente eingesetzt werden können, hängt von den grundsätzlichen Funktionen und Zielsetzungen einer jeweiligen Social Media Anwendung ab (vgl. Kapitel 7.2).

- *Geographische Reichweite und zeitliche Verfügbarkeit*: Räumliche Distanzen spielen bei der Verbreitung von Inhalten keine Rolle mehr. Die Kulturbetriebe erreichen ihre Fans und Follower an jedem Ort der Welt mit Internetzugang – und das „24/7".

7 Social Media im Kulturmarketing

- *Interaktivität und Partizipation*: Die aktive Teilnahme der Nutzer und der rege Austausch untereinander sowie mit dem Profilinhaber ist konstituierend für den Erfolg mit Social Media. Kulturbetriebe können beides z.B. dadurch unterstützen, dass User explizit aufgefordert werden, ihre Meinung abzugeben, Vorschläge zu unterbreiten oder eigene Inhalte zu erstellen. Damit ist klar, dass Kulturbetriebe, die z.B. ihre Kommentarfunktion beim hauseigenen Blog schließen (wie in der Vergangenheit geschehen), eines der zentralen Erfolgskriterien von Social Media ad absurdum führen. Allerdings entsteht durch die nutzerseitige Bewertung, Bearbeitung und Weiterleitung der vom Kulturanbieter eingestellten Informationen ein Kontrollverlust, auf den im Rahmen der Risiken von Social Media noch ausführlicher einzugehen sein wird (vgl. Kapitel 7.5).

- *Kosten-Nutzen-Relation*: Die Attraktivität von Social Media basiert auch darauf, dass die (exponentiell) hohe Verbreitung von Botschaften innerhalb von Netzwerken vergleichsweise geringe Kosten bei gleichzeitig hohem Nutzen (Aufmerksamkeitswirkung, Imageverbesserung etc.) verursacht. Allerdings soll hier grundsätzlich davor gewarnt werden, die Kosten von Social Media zu unterschätzen (vgl. hierzu Kapitel 7.5).

Aus den bisherigen Ausführungen lässt sich zusammenfassend folgende Definition ableiten:

Social Media sind webbasierte Anwendungen, die

1. die individuelle oder partizipative *Aufbereitung* multimedialer Inhalte unterstützen,
2. den schnellen *Austausch* und die unbegrenzte *Verbreitung* dieser Inhalte ermöglichen und
3. die *Kommunikation, Interaktion* und den *Beziehungsaufbau* zwischen (organisationalen und/oder individuellen) Nutzern fördern.

7.2 Social Media-Anwendungen

Die vielfältigen (und sich immer weiter ausdifferenzierenden) Anwendungen in Social Media lassen sich folgenden sechs übergeordneten Kategorien zuordnen (vgl. ausführlich hierzu u.a. Weinberg 2009; Kaplan/Haenlein 2010; Meerman Scott 2010; Hettler 2010; Janner et al. 2011; Hausmann/Pöllmann 2012e):

(1) Wikis bzw. Collaborative Projects

Hierunter werden Zusammenschlüsse von Webseiten verstanden, die von verschiedenen Personen zu einem bestimmten Thema bzw. Zweck angelegt werden. Die einzelnen Seiten werden einer übergeordneten, rahmengebenden Webseite als Unterseiten zugeordnet. Hieraus ergibt sich die Möglichkeit, gemeinsam mit anderen Usern eine Sammlung von Inhalten zeit- und ortsunabhängig anzulegen und kontinuierlich zu erweitern (vgl. u.a. Hettler 2010, S. 41f.) Das bekannteste Wiki ist die 2001 gegründete Online-Enzyklopädie *Wikipedia*. Diese wird heute weltweit genutzt, ist mittlerweile in rund 260 Sprachen verfügbar und wird laufend um weitere Artikel zu einem unerschöpflichen Spektrum von Themen ergänzt.

Praxisbeispiel Wikipedia

Auch viele Kulturbetriebe sind auf Wikipedia vertreten. Insbesondere die Theater nutzen diese Anwendung, um potenziell Interessierte über sich zu informieren (z.b. über die Geschichte, die Architektur, die künstlerische Ausrichtung, das Ensemble, technische und wirtschaftliche Daten eines Hauses). In 2012 verfügen entsprechend auch fast alle der über 140 Theater über ein Profil auf Wikipedia (vgl. Wikipedia 2012).

Ferner fallen in diese Anwendungskategorie *Social Bookmarking Dienste* (z.B. Mr. Wong) und *Bewertungsplattformen* (z.B. Yelp, Qype). Auf erstgenannter Plattform werden von den Usern als interessant erachtete Inhalte via Internetverweis bzw. -link als Lesezeichen („bookmark") angelegt, öffentlich zugänglich gemacht und mit anderen Bookmarks vernetzt; dadurch wird einerseits ersichtlich, wie populär bestimmte Websites sind, und andererseits, welche Seiten thematisch verknüpft sind. Auf den Bewertungsplattformen tragen Nutzer Erfahrungsberichte, Bewertungen und ggf. Verweise auf andere Produkte und Dienstleistungen zusammen. Auch Kulturbetriebe werden mittlerweile auf solchen Plattformen gerankt, wie z.B. das *Deutsche Museum* in München, dessen Bewertung auf Qype mit einer durchschnittlichen Punktzahl von fünf Sternen (entspricht der höchsten zu erreichenden Bewertung) ausgesprochen positiv ausfällt (Stand Juni 2012) (vgl. ausführlich zur Eignung solcher Portale für das Marketing von Kulturbetrieben Kaiser/Hopf 2011, S. 77ff.).

(2) Weblogs (Blogs)

Die Bezeichnung Weblog leitet sich aus den Begriffen „World Wide Web" und „Logbook" ab. Inzwischen hat sich im Sprachgebrauch die Kurzform „Blog" durchgesetzt. Blogs bezeichnen Online-Tagebücher, die öffentlich einsehbar sind und auf denen regelmäßig Beiträge zu bestimmten Themen in umgekehrter chronologischer Reihenfolge publiziert werden. Diese können (und sollen) in der Regel von anderen Nutzern kommentiert werden. Kulturanbieter aus allen Sparten verfügen mittlerweile über einen solchen Blog, wie z.b. das *Staatsballett Berlin*, das *Städel Museum* in Frankfurt oder die *Bayerische Staatsoper* in München (Stand Juni 2012). Da die Pflege eines Blogs trotz hilfreicher Dienste, wie z.B. Wordpress.com oder Blogspot.com, und der Verknüpfungsmöglichkeiten mit anderen Social Media-Anwendungen ressourcenintensiv ist, gibt es mit den *Duisburger Philharmonikern* allerdings auch bereits erste prominente „Aussteiger" (vgl. hierzu die Ausführungen in Kapitel 7.5).

(3) Microblogs

Microblogs stellen eine spezielle Form von Blogs dar. Sie sind dadurch gekennzeichnet, dass die Veröffentlichung von Inhalten auf wenige Zeichen begrenzt bleiben muss. Während bei regulären Blogs weder der Umfang noch die Anzahl der genutzten Gestaltungselemente (Text, Video, Audio etc.) beschränkt ist, können z.B. beim bekanntesten Anbieter von Microblogs, *Twitter*, nur Textnachrichten mit einer Länge von maximal 140 Zeichen versendet werden. Diese Nachrichten („tweets") können von anderen Nutzern („Followern") abonniert und auch weitergeleitet werden („retweet"). Auf Twitter sind ebenfalls Kulturbetriebe aus allen Sparten vertreten (z.B. *Staatsoper Berlin*, *Theater Heidelberg*, *DDR Museum Berlin*, *Stadtbibliothek Bielefeld*; Stand Juni 2012).

Praxisbeispiel Twitter

Auch in diesem Bereich ist das *NRW-Forum Düsseldorf*, das bereits im Kapitel zum Mobile Marketing (vgl. 6.4.3) vorgestellt wurde, mit 14.424 Followern und 3.032 Tweets führend (vgl. Visitatio 2012; Stand April 2012). Dabei nutzt das Museum seine Social Media-Aktivitäten immer wieder für ungewöhnliche Aktionen. So wurden zur „Langen Nacht der Museen" im Mai 2012 Tweets zum Event (Hashtag #ndm12) an die Außenfassade des Museums projiziert. Neugierige konnten es sich davor in Liegestühlen bequem machen und einem unablässigen Strom von Kurzmitteilungen folgen. Diese enthielten z.B. Tipps von anderen Nachtschwärmern zu besuchenswerten Museen, aber u.a. auch Beschwerden über Wartezeiten, unfreundliches Personal und den Shuttlebus-Service.

(4) Content Communities

Content Communities sind Plattformen, auf denen z.B. Fotos, Audiodateien oder Videos von Kulturanbietern eingestellt und von Kulturnachfragern rezipiert werden können. In der Regel bieten die Plattformen zudem die Möglichkeit, einzelne Beiträge zu kommentieren und zu bewerten. Zu den bekanntesten Content Communities zählen *YouTube* und *Vimeo* für das Teilen von Videos und *Flickr* für die Veröffentlichung von Fotos und Bilddateien. Wie noch im Rahmen des nachstehenden Kapitels aufzuzeigen sein wird, bieten v.a. die Videoportale den Kulturanbietern die Möglichkeit, ihre (überwiegend immateriellen) Leistungen mit Filmsequenzen „greifbar" zu machen bzw. zu visualisieren. Auf diese Weise können Qualitätsunsicherheiten auf Seiten der Besucher gesenkt und möglicherweise bestehende Zugangsbarrieren abgebaut werden.

(5) Social Networks

Zu den komplexesten Social Media-Anwendungen zählen Social Networks, die den Nutzern erlauben, eigene Profile anzulegen, sich mit anderen Usern zu verbinden und über verschiedene Wege miteinander in Interaktion zu treten. Durch die zahlreichen und stetig wachsenden Funktionen der Social Networks entstehen teilweise Überschneidungen mit anderen Social Media-Anwendungen. Beispielsweise bietet das Social Network *Facebook* die Möglichkeit, Kurznachrichten zu versenden, was der Funktion eines Microblogs entspricht. Zudem können auf Facebook Fotoalben und Videofilme angelegt, veröffentlicht und kommentiert werden, was mit den Aufgaben von Content Communities vergleichbar ist.

Praxisbeispiel Facebook

Viele Kulturbetriebe sind mittlerweile auf Facebook aktiv. Dabei versuchen sich die Anbieter durch vielfältige Aktionen im Gespräch zu halten, auch um die Partizipation und das virale Empfehlungsverhalten der eigenen „Fans" zu stimulieren. Denn für den Erfolg mit Social Media ist es besonders wichtig, kontinuierlich interessanten „Content" zu liefern. So suchte das *museum kunst palast* auf Facebook 12 Bildpaten für die Ausstellung „El Greco und die Moderne". Diese sollten auf ihrem eigenen Facebook-Profil von der Ausstellung und ihrem Lieblingswerk berichten. Zu gewinnen gab es für den „besten Paten" eine Reise nach Toledo, wo der Künstler *El Greco* seine Hauptwerke schuf (vgl. MKP 2012).

(6) Virtual Worlds

Hierunter werden dreidimensional gestaltete digitale Plattformen verstanden, auf denen die User mittels so genannter „Avatare" agieren können. Avatare sind Figuren, die von den Nutzern erstellt werden und sie in den virtuellen Welten repräsentieren. Der international bekannteste Dienst für Virtual Worlds ist *Second Life*. Diese Anwendung ermöglicht den Nutzern die Gestaltung virtueller Lebensräume und die Kommunikation mit anderen Usern bzw. Avataren. Eine besondere Form der Virtual Worlds sind virtuelle Game Welten, die mit Computerspielen vergleichbar sind und sich vor allem durch ihre hohe Interaktivität auszeichnen.

Als bisher einziges Museum in Deutschland waren die *Staatlichen Kunstsammlungen Dresden* vier Jahre auf Second Life vertreten. Das mit hohem Aufwand und zahlreichen Kooperationspartnern realisierte Projekt „Dresden Gallery", das neugierig machen sollte auf den realen Museumsbesuch und auch internationalem Publikum die Möglichkeit gab, mehr über die Schätze des Hauses zu erfahren, ist allerdings aufgrund des zu geringen Besucherinteresses mittlerweile wieder eingestellt worden.

Zusammenfassend lässt sich festhalten, dass Kulturanbietern eine Vielzahl an Anwendungen zur Verfügung steht, um die eigenen Marketingaktivitäten webbasiert zu unterstützen. Nachfolgend sollen diesbezüglich konkrete Einsatzmöglichkeiten aufgezeigt werden.

7.3 Nutzungspotenziale von Social Media

Die aus Sicht der Autoren wichtigsten Nutzungspotenziale von Social Media für das Marketing von Kulturbetrieben können folgenden drei Kategorien zugeordnet werden (vgl. hierzu auch Hettler 2010 sowie Hausmann/Pöllmann 2012d und 2012e):

(1) Information und Kommunikation

In Zeiten steigender Reaktanz der Nachfrager gegenüber traditionellen Kommunikationsinstrumenten ist für die Kulturbetriebe von besonderem Interesse, dass Botschaften in Social Media zeitnah eingestellt werden können und ein Austausch hierüber leicht angeregt werden kann; zudem können sich Informationen innerhalb der Anwendungen schnell verbreiten. Kein Wunder, dass sich Social Media zu einem bedeutenden Informations- und Kommunikationsinstrument für Kulturbetriebe entwickeln: So waren bereits Ende 2011 über 90 Prozent der öffentlichen Theater in Deutschland mit einem eigenen Profil auf Facebook vertreten (vgl. Pöllmann 2011). Besonders interessant sind Social Media für jene Kulturbetriebe, deren Leistungen über einen hohen immateriellen Anteil verfügen (vgl. Kapitel 6.1.1). Denn über Social Media können (zusätzliche) Informationen gegeben werden, die andere (klassische) kommunikationspolitische Instrumente nicht zu liefern in der Lage sind. Grund hierfür ist der multimediale Charakter der sozialen Medien. So können ansonsten intangible Leistungen, wie z.B. eine Ballettaufführung oder ein Konzert, bereits im Vorfeld der Leistungsinanspruchnahme auf einem bei YouTube oder Facebook eingestellten Video angesehen und hinsichtlich ihrer Qualität beurteilt werden; v.a. Erst- und Gelegenheitsbesucher können auf diese Weise möglicherweise bestehende Qualitäts- und Entscheidungsunsicherheiten abbauen.

Wie bereits in den vorangegangenen Kapiteln deutlich geworden ist, ermöglichen und vereinfachen Social Media aber nicht nur die Kommunikation *mit* dem Nutzer, sondern insbesondere auch *zwischen* den Nutzern (vgl. hierzu ausführlich Hausmann 2012a, S. 33ff. und 2012b, S. 18ff.). Ein besonderer Vorteil der Social Media-Kommunikation resultiert dabei aus den viralen Effekten, die entstehen, wenn User Informationen von Kulturanbietern oder über diese in ihren verschiedenen Netzwerken weiterleiten. Gegenüber traditionellen Empfehlungen, die in ihrer Reichweite zwangsläufig beschränkt bleiben (auf im Durchschnitt etwa zehn Personen), können sich die viralen Empfehlungen mit Hilfe webbasierter Anwendungen und v.a. in den sozialen Netzwerken großflächig verbreiten – und entfalten damit viel größere Kommunikationswirkungen (vgl. ausführlich zum Potenzial von Empfehlungen Kapitel 6.4.4).

(2) Marktforschung und Innovationsmanagement

Social Media können die traditionelle Marktforschung von Kulturbetrieben (vgl. Kapitel 2) vielfältig unterstützen. Auch bei diesem Anwendungsfeld wirkt sich das Merkmal „Aktualität" (vgl. Kapitel 7.1) insofern positiv aus, als aktuelle Informationen über User (aber auch Konkurrenten, Kooperationspartner etc.) schneller und zuweilen auch umfangreicher als auf traditionellem Wege (z.B. Besucherbefragung vor Ort) gewonnen werden können. Methoden der *qualitativen* Besucherforschung umfassen u.a. die Auswertung von Kommentaren auf (eigenen oder fremden) Blogs sowie bei Facebook oder Twitter angelegten (eigenen oder fremden) Profilen. Darüber hinaus können (positive und negative) Erwähnungen des eigenen Kulturbetriebs in Social Media-Diensten über entsprechende Suchmaschinen und -funktionen (z.B. http://twitter.com/#!/search-advanced) recherchiert werden. *Quantitative* Besucherforschung kann mit Hilfe von Fragebögen erfolgen, die z.B. bei Facebook auf die Wall eines Kulturbe-

7 Social Media im Kulturmarketing

triebs gestellt oder über Twitter per Link verbreitet werden; Ziel ist es hierbei, eine möglichst große (repräsentative) Anzahl an Probanden anzusprechen. Darüber hinaus bereiten die meisten Social Media-Dienste ihren Profilinhabern regelmäßig weiterführende statistische Informationen auf. Die Funktion *Facebook-Insights* liefert z.B. den Betreibern einer so genannten Fan-Page Informationen über die Verteilung der Fans nach soziodemografischen Merkmalen wie Alter, Geschlecht oder Herkunft. Des Weiteren kann eingesehen werden, welche Beiträge wie oft positiv bewertet und weitergeleitet wurden; über die Auflistung der Kontakte der einzelnen Fans kann darüber hinaus abgeschätzt werden, welches „virale Potenzial" besteht.

Praxisbeispiel Marktforschung

Mit der Analyse von Kommentaren auf eigenen und fremden Social Media-Profilen sowie z.B. auch auf Bewertungsplattformen kann zusätzlich das Innovationsmanagement von Kulturbetrieben unterstützt werden. Sinnvolle Anregungen und berechtigte Beschwerden von Nutzern können dabei helfen, neue Ideen zu generieren und (echte oder unechte) Leistungsinnovationen (vgl. Kapitel 6.1.2) zu entwickeln. In diesem Zusammenhang hat die Bayerische Staatsoper im April 2012 einen Fragebogen auf ihrer Facebook-Fanpage gepostet, in dem die Nutzer anlässlich des zweijährigen Bestehens des Opernblogs angeben sollten, welche (anderen) Inhalte sie sich künftig auf dieser Anwendung wünschen (vgl. Bayerische Staatsoper 2012).

(3) Reputationsmanagement

In engem Kontext mit dem vorstehend genannten Einsatzfeld von Social Media steht das Reputationsmanagement. Zunächst lässt sich festhalten, dass die Reputation ein komplexes Konstrukt ist, in dem sich – kurz gefasst – widerspiegelt, inwiefern ein Kulturbetrieb den Erwartungen seiner Besucher und anderen Stakeholder (vgl. Kapitel 1) bislang und in Zukunft sowie im Vergleich mit anderen Anbietern gerecht wird (vgl. ausführlich hierzu u.a. Helm 2011, S. 5ff.). Wie bereits oben beschrieben, bietet sich aufgrund der Tatsache, dass über Social Media direkt zwischen Kulturbetrieben und Interessierten kommuniziert werden kann, die Möglichkeit, unmittelbar und schnell auf Fragen, Anregungen und Beschwerden der Zielgruppen zu reagieren und damit die besucher- und serviceorientierte Reputation einer Kulturinstitution zu stärken. Aus (wiederholt geäußerten, berechtigten) Beschwerden von Besuchern können auf diese Weise Anregungen für Verbesserungen im Leistungserstellungsprozess abgeleitet werden: Wenn sich Besucher z.B. darüber beschweren, dass im Weihnachtsgeschäft bestellte Eintrittskarten nicht rechtzeitig zu den Festtagen angekommen sind, so kann eine Analyse der Ursachen dabei helfen, Qualitätsmängel abzustellen und unzufriedene Besucher durch entsprechende Maßnahmen aus dem Repertoire des Beschwerdemanagement (vgl. Kapitel 5.4) wieder zufrieden zu stellen. In einer Studie aus dem Frühjahr 2012 zeigte sich diesbezüglich, dass die Social Media-Verantwortlichen der *Bayerischen Staatsoper* auf 94 Prozent aller Fragen und 92 Prozent aller Beschwerden reagierten, die von Fans auf der Facebook-Seite des Hauses veröffentlicht wurden (vgl. Hausmann/Pöllmann 2012e). Dies verdeutlicht einerseits den nicht zu unterschätzenden (personellen) Aufwand, der mit dem Einsatz von Social Media verbunden ist (vgl. Kapitel 7.5), veranschaulicht andererseits aber auch die großen Chancen von Social Media, Konflikten mit Besuchern und dem Entstehen von negativer Mundwerbung entgegen zu wirken und die Reputation eines Kulturbetriebs zu stärken.

7.4 Weitere Einsatzfelder im Kontext von Kulturmarketing

Im vorangegangenen Kapitel sind die im Kontext von Kulturmarketing wichtigsten Nutzungspotenziale von Social Media herausgestellt worden. Social Media verfügen jedoch über weitere Anwendungsfelder, die sich sowohl anderen Funktionsbereichen des Kulturmanagement zuordnen lassen (konkret: Personalmanagement und Kulturfinanzierung) als auch im Rahmen von Kulturmarketing diskutiert werden können (konkret: Beschaffungsmarketing; vgl. Kapitel 8). Hierzu gehören:

- *Personalbeschaffung*: Personalmanagement stellt die Summe sämtlicher mitarbeiterbezogener Maßnahmen zur Verwirklichung des Organisationszwecks eines Kulturbetriebs dar. Hierzu gehören insbesondere Aktivitäten der Bedarfsplanung sowie der Beschaffung, Führung, Entwicklung und Freisetzung von Mitarbeitern. Wie noch in Kapitel 9 ausführlicher darzustellen sein wird, stellt das Personal in Dienstleistungsbetrieben aufgrund des hohen immateriellen Anteils vieler Leistungen und der hohen Kontaktintensität bei der Leistungserstellung einen zentralen Erfolgsfaktor dar. Im Kontext von Kulturmarketing benötigt der Kulturbetrieb insbesondere Mitarbeiter, die service- und besucherorientiert arbeiten (wollen). Es ist offensichtlich, dass vor diesem Hintergrund dem Aufgabenfeld der Personal*beschaffung* entsprechende Beachtung zukommen muss.
  Auch hierfür bieten sich durch Social Media neue Möglichkeiten: So finden sich zunehmend mehr Kulturanbieter, die über Facebook Stellenanzeigen schalten oder in „posts" auf personelle Engpässe – z.B. bei der Beset-

zung von Statistenrollen in einer Theateraufführung – aufmerksam machen. Des Weiteren nutzen Kulturanbieter die sozialen Medien zum so genannten „employer branding", d.h. zur Selbstdarstellung als attraktiver Arbeitgeber für motivierte und engagierte Mitarbeiter.

- *Finanzmittelbeschaffung*: In den letzten Jahren hat sich mit Crowdfunding ein neues Instrument der Kulturfinanzierung bzw. des Beschaffungsmarketing (vgl. Kapitel 8) etabliert, das bereits von zahlreichen Kulturprojekten – allerdings mit unterschiedlichem Erfolg – genutzt wird. Crowdfunding setzt sich aus den Begriffen „Crowdsourcing" und „Fundraising" zusammen und bezeichnet die internetgestützte Ressourcenbeschaffung. Crowdfunding nutzt den partizipativen Charakter von Social Media sowie die sich hieraus ergebenden viralen Kommunikationseffekte. Das Ziel ist es, in kurzer Zeit möglichst viele Spender für ein Projekt zu gewinnen.

Praxisbeispiel Crowdfunding

Auch Kulturprojekte haben die Möglichkeit, sich auf Crowdfunding-Plattformen, wie z.B. *Startnext* oder *Betterplace*, zu präsentieren und um Unterstützer zu werben (vgl. Hausmann/Pöllmann 2010; Kreßer 2011). So nutzte beispielsweise das an der Europa-Universität Viadrina Frankfurt (Oder) angesiedelte, deutsch-polnische Musikfestival *Cosy Concerts* im Frühjahr 2012 die Plattform Startnext, um mit einem Crowdfunding-Blog auf das Projekt hinzuweisen und Unterstützer zu gewinnen. Innerhalb von einem Monat wurden Gelder für das Festival eingeworben, die über die Plattform anschließend an das Projekt überwiesen wurden und die Finanzierung des Festivals ergänzten. Im Gegenzug erhielten die Förderer abhängig von der Höhe der Unterstützung u.a. signierte Programmhefte, Freikarten oder ein exklusives Konzert.

7.5 Voraussetzungen, Grenzen und Risiken

Wie in den vorangegangenen Ausführungen deutlich wurde, verfügen Social Media über vielfältige Möglichkeiten, das Kulturmarketing – und andere Handlungsfelder im Kulturmanagement (v.a. Personalmanagement und Kulturfinanzierung) – zu unterstützen. Allerdings sind für den Erfolg von Social Media bestimmte Voraussetzungen im Kulturbetrieb zu schaffen, die v.a. die Verfügbarkeit von Ressourcen betreffen. Liegen diese nicht vor, ist die Gefahr groß, dass die Aktivitäten in diesem Bereich wirkungslos bleiben und/oder schon bald wieder eingestellt werden (müssen). Des Weiteren unterliegt die Nutzung von Social Media gewissen Grenzen (z.b. hinsichtlich der Erfolgsmessung) und ist auch mit Risiken (v.a. Kontrollverlust) behaftet, die zumindest – und zwar nicht nur den zuständigen Mitarbeitern, sondern auch der Leitungsebene – bekannt sein sollten. Nachfolgend werden ausgewählte Voraussetzungen, Grenzen und Risiken etwas ausführlicher diskutiert:

- *Glaubensbekenntnis*: Eine der wichtigsten Voraussetzungen für den Erfolg mit Social Media besteht darin, dass es bei den zuständigen Mitarbeitern, aber insbesondere auch bei der Leitung eine Art „Glaubensbekenntnis"gibt. Denn nur dann, wenn die Merkmale von Social Media vollumfänglich im Kulturbetrieb akzeptiert sind – und dazu gehört die Notwendigkeit zur umfassenden Einbeziehung der Nutzer und zur kontinuierlichen Aktualisierung von Profilen genauso wie der Kontrollverlust über Inhalte, werden die Aktivitäten von den Fans und Followern als authentisch wahrgenommen und rezipiert. Dass diesbezüglich jedoch der ein oder andere Vorbehalt in den Kulturbetrieben besteht, blitzt immer mal wieder in Interviews zum Thema durch. Der Bereich Social Media wird hier zum Teil als temporäres Phänomen betrachtet, als ein Rad, das sich irgendwann auch wieder zurückdrehen wird, um einem „Zeitgeist" Platz zu machen, in dem sich die Kommunikationspolitik wieder auf die klassischen Instrumente besinnen kann (vgl. hierzu z.B. Brunotte 2011). Und auch die Einstellung bestimmter Social Media-Aktivitäten ist zuweilen auf ein solches fehlendes Glaubensbekenntnis – insbesondere auf der Leitungsebene – zurückzuführen (vgl. hierzu das Praxisbeispiel der *Duisburger Philharmoniker* unter „Austrittsbarrieren").

- *Verfügbarkeit von Ressourcen*: Die Ressourcen in Kulturbetrieben (v.a. Personal, Sach- und Finanzmittel, Arbeitszeit) sind traditionell knapp; dieser Umstand wird derzeit noch besonders erschwert durch die weltweite Wirtschafts- und Finanzkrise (vgl. auch Kapitel 11). Das führt bei vielen Kulturanbietern dazu, dass immer mehr Aufgaben von immer weniger Mitarbeitern bearbeitet werden (müssen). Bei der Übernahme jeder zusätzlichen Aufgabe ist daher stets zu fragen, inwiefern hierfür personelle Ressourcen im Kulturbetrieb vorhanden sind – ohne dass es deswegen zu einer gefährlichen Abschmelzung von Kapazitäten zur Erfüllung der eigentlichen (künstlerischen bzw. inhaltlichen) Kernaufgaben kommt.

  Die Nutzung von Social Media ist eine solche zusätzliche Aufgabe, die zudem – anders als in den Anfängen viele Kulturanbieter gedacht haben (und einige noch immer zu denken scheinen) – nicht „nebenbei" in der Öffentlichkeitsarbeit erledigt werden kann. Die umfangreichen Anforderungen von Social Media – z.B. je nach Zielgruppe unterschiedliche Anwendungen zu bedienen, die unterschiedlichen Profile miteinander zu verknüpfen und mehrmals täglich mit interessanten Inhalten zu beliefern – bedingen es, dass derzeit vermehrt Stellenanzeigen zu finden sind, in denen Kulturbetriebe explizit nach Social Media Managern suchen. Dabei sind es v.a. größere Häuser, die solche Stellen einrichten oder bereits schon eingerichtet haben (z.b. *Staatsballett Berlin, Bayerische Staatsoper*; Stand Juni 2012). In den kleineren Kulturbetrieben wird der (erfolgreiche) Einsatz von Social Media zumindest erfordern, dass vorhandene Mitarbeiter geschult – und im Idealfall um andere Aufgaben zugunsten von Social Media entlastet – werden.

Praxisbeispiel Social Media Manager

Bei der *Stiftung Deutsches Historisches Museum* war für die Ausstellung „Verführung Freiheit. Europäische Kunst seit 1945" im Frühsommer 2012 eine Teilzeitstelle als Social Media Manager (m/w) ausgeschrieben (Entgeltgruppe 11 TVöD-Ost). Das Aufgabengebiet wurde wie folgt abgegrenzt:

- Konzeption, Planung und Umsetzung der ausstellungsbezogenen Social Media-Kampagne in Abstimmung mit den Projektpartnern, den Kuratorinnen und der Abteilung Öffentlichkeitsarbeit,
- systematischer Auf- und Ausbau des Dialogs mit relevanten Zielgruppen,
- redaktionelle Betreuung der Social Media Präsenz,
- Projektkoordination bei der Zusammenarbeit mit den europäischen Projektpartner,
- Monitoring von relevanten Themen, Communities u.ä.,
- Evaluation und Reporting.

An die Bewerber wurden folgende Anforderungen gestellt: abgeschlossenes Studium (Bachelor oder vergleichbarer Abschluss) in einem geisteswissenschaftlichen Fach, Berufserfahrung im Bereich Marketing/Kommunikation, idealerweise in Museen oder anderen Kulturinstitutionen, fundierte Kenntnisse im Bereich Web 2.0 und Social Media, Gespür für aktuelle Entwicklungen im Online-Marketing, Stil- und Textsicherheit bei zielgruppenspezifischer Kommunikation, sicherer Umgang mit einschlägiger Software, HTML-Kenntnisse, ausgeprägte Kommunikationsstärke, Kreativität, Teamfähigkeit, Organisationsgeschick und Belastbarkeit, sehr gute Kenntnisse der deutschen und englischen Sprache (fließend in Wort und Schrift) (vgl. SDHM 2012).

- *Kosten-Nutzen-Relation und Erfolgsmessung*: Wie vorstehend deutlich geworden ist, entstehen mit der Entfaltung von Aktivitäten im Bereich von Social Media diverse Kosten. Im Hinblick auf die Kostenkategorie „Personal" fallen entweder Kosten für die Neueinstellung eines Mitarbeiters an oder für die Schulung von bereits im Kulturbetrieb vorhandenen Mitarbeitern. Bei der Neueinstellung muss ein Arbeitsplatz eingerichtet werden, so dass hier zusätzlich Sachkosten anfallen. Grundsätzlich muss die Hardware (v.a. Computer) auf dem neuesten Stand und entsprechende Software (z.b. zur Bildbearbeitung) vorhanden sein. Wenn die Maßnahmen durch einen bereits vorhandenen Mitarbeiter umgesetzt werden sollen, sind Opportunitätskosten zu berücksichtigen, denn dieser Mitarbeiter hat nur ein bestimmtes Kontingent an Arbeitszeit – und ein nicht zu unterschätzender Anteil davon entfällt zukünftig auf Social Media.

  Diesen durch Social Media bedingten (zusätzlichen) Kosten sollte ein entsprechender Nutzen gegenüberstehen. Allerdings ist es – ähnlich wie bei den anderen Instrumenten der Kommunikationspolitik (vgl. 6.4.3) – nicht ganz einfach, den konkreten Nutzen des Einsatzes von Social Media zu erfassen. Neben der grundsätzlichen Problematik der Zurechenbarkeit einzelner Aktivitäten des Marketing (so kann die Erhöhung von Besucherzahlen durch verschiedene Maßnahmen oder auch durch Umfeldveränderungen bedingt sein, wie z.B. die Einstellung eines Wettbewerbsangebots), sind insbesondere die Ergebnisse der qualitativen Marktforschung (vgl. Kapitel 7.4) mit Vorsicht zu interpretieren. So ist häufig festzustellen, dass nur eine kleine Minderheit von Nutzern Kommentare hinterlässt; diese sind häufig besonders positiv oder besonders negativ. Hier kann es dazu kommen, dass Einzelmeinungen von Usern ein Gewicht erhalten, das nicht der Meinungsmehrheit von „Fans" eines Profils entspricht.

- *Hohe Dynamik, ungewisse Zukunft*: Nicht wenige Kulturbetriebe finden sich bei der Verwendung von Social Media noch in einer Phase von „Trial and Error", da die Praktikabilität und Auswirkungen bestimmter Anwendungen in der Praxis erst noch getestet werden müssen. Viel Zeit steht ihnen hierfür allerdings nicht zur Verfügung, da die Entwicklung bei Social Media ausgesprochen dynamisch verläuft. Nicht nur treten laufend neue Anwendungen am Markt auf, sondern die vorhandenen entwickeln sich kontinuierlich weiter und vervielfältigen in regelmäßigen Abständen ihre Anwendungsbereiche. Zudem kann eine Plattform, die aktuell noch viele User zählt, bereits morgen von einer neuen, erfolgreicheren Anwendung abgelöst werden (wie im Fall von *StudiVZ* oder *MySpace* durch *Facebook* geschehen). Es ist daher eine nicht zu unterschätzende Teilaufgabe im Bereich von Social Media, ein

7 Social Media im Kulturmarketing

kontinuierliches Monitoring am Markt (sowohl von Nutzern, Wettbewerbern als auch Diensten) durchzuführen.

- *Kontrollverlust*: In Kapitel 7.1 ist darauf verwiesen worden, dass Interaktivität und Partizipation als wesentliche Merkmale von Social Media gelten – und deswegen durch entsprechende Aktivitäten seitens der Kulturbetriebe gefördert werden müssen. Gleichzeitig entsteht hierdurch ein Kontrollverlust, da Botschaften der Kulturanbieter (ungewünscht) verändert werden können und die virale Verbreitung von (wahren oder unwahren) Informationen nicht gesteuert werden kann. Besonders gefürchtet ist der so genannte „Shitstorm", also eine Welle der (häufig äußerst unsachlichen) Empörung, die via Social Media über Organisationen (und Individuen) hereinbrechen und zu erheblichen Reputationsschäden führen kann. Ursache hierfür kann z.B. sein, wenn ein Anbieter aus Sicht der Nutzer unlautere Methoden verwendet (z.B. bei der Ausschreibung eines Wettbewerbs, bei dem am Ende bestimmte Beiträge von der Jury aus intransparenten Gründen nicht berücksichtigt werden).

- *Austrittsbarrieren*: Während derzeit alle darüber sprechen, wie wichtig es ist, dass Kulturbetriebe Social Media nutzen, gibt es ein erstes prominentes Beispiel dafür, dass der Einsatz auf Ressourcenengpässe stoßen kann, die einen Austritt aus Social Media (bzw. bestimmten Anwendungen) notwendig machen können. So haben die *Duisburger Philharmoniker* mittlerweile ihren vielbeachteten Blog „dacapo" eingestellt. Dazu muss man wissen, dass die Philharmoniker als Social Media-Pioniere gelten. Denn sie entschieden sich als einer der ersten Kulturbetriebe überhaupt dazu, über ein Weblog neben der traditionellen Homepage gezielt die Zielgruppe der Social Media-Nutzer anzusprechen. Auf www.dacapo-dp.de berichteten die Orchestermitglieder über Wissenswertes aus dem Orchesteralltag, bloggten über Konzertabende oder trafen ihr Publikum vor der Rundfunkübertragung eines Konzertmitschnitts im Live-Blog (vgl. Schulte im Walde 2009, S. 40 und 2012, S. 26f.).

Mitte 2011 war allerdings überraschend Schluss mit „dacapo". Nachdem der Blog schon eine Zeit lang nur noch unregelmäßig mit neuen Einträgen beliefert wurde, stellten die Philharmoniker ihre Aktivitäten schließlich ganz ein. Unter seiner Internetadresse ist der Blog zwar noch verfügbar (Stand Juni 2012), allerdings nur als Archivseite für alte Einträge. Von der Community wurde dieser Rückzug sehr kritisch begleitet. Besonders moniert wurde, dass es (zunächst) keine offizielle Begründung für die Einstellung der Aktivitäten gab. Typisch für Social Media ist es, dass die User daraufhin ihre eigenen Begründungen im Netz einstellten und rege diskutierten. Diese reichten von „unterschätztem Aufwand" und „überzogenen Erwartungen" bis hin

„zu fehlender Wertschätzung und Unterstützung durch die Orchesterleitung" (vgl. hierzu Henner-Fehr 2011; Schmidt-Hurtienne 2011 sowie auch Schulte im Walde 2012, S. 26f.).

Zusammenfassend lässt sich damit festhalten, dass die Einstellung von Social Media-Aktivitäten mit einem Reputationsschaden einhergehen kann, der nur mit einem entsprechenden Management zu verhindern ist. Damit aber muss nicht nur der Einstieg in Social Media, sondern auch der Ausstieg aus einzelnen oder mehreren Aktivitäten sorgfältig geplant werden.

8 Beschaffungsmarketing im Kulturbereich

Im Mittelpunkt der bisherigen Ausführungen standen der Absatzmarkt und die Herstellung von Austauschbeziehungen mit den Kunden (d.h. Besuchern, Nutzern, Teilnehmern etc.) von Kulturanbietern. Einen weiteren Parameter für das Kulturmarketing stellen die Beschaffungsmärkte dar, denn Kulturanbieter müssen, um ihre Leistungen erstellen und am Absatzmarkt anbieten zu können, entsprechende Ressourcen (Finanzen, Personal, Material, Rechte, Lizenzen, kulturpolitische Legitimation etc.) beschaffen. Damit agiert jeder Kulturbetrieb sowohl als Anbieter als auch als Nachfrager auf Märkten und seine Austauschbeziehungen richten sich sowohl auf den Absatz- als ebenso auf den Beschaffungsmarkt.

Unter *Beschaffungsmarketing* ist entsprechend die Ausdehnung des absatzmarktorientierten Marketingkonzepts auf die Gesamtheit aller auf die Beschaffungsmärkte gerichteten Aktivitäten von Organisationen mit dem Ziel ihrer Beeinflussung zu verstehen (vgl. Koppelmann 2000, S. 3ff.). Aufgrund der schwierigen finanziellen Rahmenbedingungen bei vielen Kulturbetrieben stellt die Beschaffung von Finanzmitteln ein besonders wichtiges Handlungsfeld im Beschaffungsmarketing dar. Im Folgenden werden mit dem Sponsoring und dem Fundraising zwei Instrumente in ihren Grundzügen skizziert, die von Kulturanbietern im Rahmen der Beschaffung von (in erster Linie privaten) Finanzmitteln eingesetzt werden und bei denen die Leitprinzipien des Marketing eine wesentliche Rolle spielen. Dabei soll an dieser Stelle nicht unerwähnt bleiben, dass beides auch im Rahmen der Kulturfinanzierung – als ein neben dem Kulturmarketing weiteren wichtigen Funktionsbereich im Kulturmanagement – diskutiert wird: Sponsoring und Fundraising stellen zwei wichtige Quellen der Finanzierung durch Drittmittelgeber dar (ausführlich hierzu Gerlach-March 2010; Hausmann 2007c und 2011).

8.1 Sponsoring

Unter Sponsoring wird hier die Planung, Organisation, Durchführung und Kontrolle sämtlicher Aktivitäten verstanden, die mit der Bereitstellung von Geld, Sachmitteln, Dienstleistungen oder Know-how durch Unternehmen zur Förderung von Künstlern, kulturellen Gruppen, Institutionen oder Projekten verbunden sind (vgl. Bruhn 2010). Gegenüber anderen Finanzierungsquellen, wie z.b. den Spenden, grenzt sich das Sponsoring insofern ab, als es sich hierbei um ein Geschäft auf Gegenseitigkeit handelt, in dessen Rahmen die beteiligten Parteien bestimmte (ökonomische) Ziele verfolgen, die durch einen Austausch von Leistung und Gegenleistung erreicht werden sollen (vgl. Colbert 2007). Die konkrete Ausgestaltung dieses Prinzips des „do ut des" findet ihren Niederschlag in einem Sponsoringvertrag.

Die Unterstützung von Kulturbetrieben wird vom Staat mit Steuervergünstigungen belohnt. Entsprechend sind die Unternehmen daran interessiert, ihre Sponsoringaufwendungen steuermindernd geltend zu machen. Ob und in welchem Umfang das möglich ist, hängt von der steuerrechtlichen Einordnung ihrer Sponsoringaktivitäten ab. Nur wenn die im Zusammenhang mit dem Sponsoring gemachten Aufwendungen als Betriebsausgaben im Sinne des § 4 Abs. 4 Einkommensteuergesetz (EStG) anerkannt werden und durch sie ein wirtschaftlicher Vorteil angestrebt wird (z.B. Sicherung und Erhöhung des unternehmerischen Ansehens), können sie im vollem Umfang als Betriebsausgaben abgezogen werden (vgl. hierzu auch Irle 2002, S. 32ff.).

Umgekehrt sind die Kulturanbieter daran interessiert, dass sie die Einnahmen aus Sponsoring nicht versteuern müssen, um möglichst den gesamten Zuwendungsbetrag für den zu fördernden Zweck einsetzen zu können. Ist der Kulturanbieter eine juristische Person (Museum, Galerie etc.), dann sollten die Einnahmen idealerweise dem so genannten *ideellen Bereich* zurechenbar sein, in dem keine Steuern anfallen. Ausschlaggebend für die Zuordnung ist die Art der Gegenleistung, die der Sponsor bekommt (vgl. hierzu auch Klein 2011b, S. 231ff.): Während z.B. die Namensnennung des Sponsors in einer Broschüre oder auf einer Pressekonferenz oder die Verwendung seines Logos auf Plakaten steuerunschädlich ist, kann die ganzflächige Unternehmenspräsentation in einem kleinen Programmheft des Gesponserten oder die aktive Teilnahme des Sponsors an Pressekonferenzen vom Finanzamt als steuerschädlich eingeordnet werden – diese Gratwanderung ist häufig nur unter Einbeziehung von Steuerberatern erfolgreich zu meistern.

Ungeachtet steuerrechtlicher Spitzfindigkeiten ist es dezidiertes Ziel des Sponsoring, eine „Win-Win-Situation" für beide Parteien zu schaffen. Während die Kulturanbieter an der Beschaffung von Finanz- und Sachmitteln, der Aneignung von (v.a. betriebswirtschaftlichem, juristischem) Know-how oder der Nutzung von Logistik interessiert sind, verfolgen die Unternehmen in erster Linie Kommunikationsziele mit ihrem Engagement. Kultursponsoring bietet den Unternehmen eine geeignete Plattform, um die Vorziehenswürdigkeit der eigenen Produkte in einem glaubwürdigen Umfeld zu kommunizieren und einen

Imagetransfer von den gesponserten Kulturangeboten auf das eigene Leistungsprogramm zu erreichen. Empirische Studien haben wiederholt gezeigt, dass es den Unternehmen neben dieser Möglichkeit zur Imagepflege und Imageverbesserung vor allem um die Nutzung des Sponsoring zur Kontaktpflege bzw. Kundenbindung, Erhöhung des Bekanntheitsgrades, Demonstration gesellschaftlicher Verantwortung gegenüber der allgemeinen Öffentlichkeit und Mitarbeitermotivation geht (u.a. Witt 2000, S. 87ff.; Duda/Hausmann 2004, S. 34).

Praxisbeispiel Sponsoring

Beim Automobilproduzenten *Škoda* können Autobesitzer von den Kulturpartnerschaften des Wagenbauers profitieren. Gegen Vorlage ihres Autoschlüssels erhalten die Škoda-Kunden bei zahlreichen Kulturveranstaltungen ermäßigten oder freien Eintritt. Dazu gehören u.a. die Deichtorhallen Hamburg, das Deutsche Filmmuseum Frankfurt am Main und das Tipi am Kanzleramt Berlin (vgl. Skoda Kultur 2012).

Für den Erfolg von Sponsorships mit Unternehmen ist es wesentlich, dass sich die Kulturanbieter intensiv mit der Interessenlage des Sponsors auseinandersetzen und seine Motive für das Eingehen von Sponsorships ausreichend berücksichtigen. So sind im Vorfeld der Ansprache potenzieller Sponsoren unter anderem folgende Fragen zu klären:

- Was sind die Alleinstellungsmerkmale des Kulturbetriebs und geplanten Sponsoringprojekts?
- Welche Ziele werden mit dem Projekt verfolgt?
- Welche Zielgruppen werden mit dem Projekt angesprochen?
- Ist das Projekt medienrelevant bzw. kommunizierbar?
- Welche finanziellen und sonstigen Erfordernisse hat das Projekt?
- Welche Gegenleistungen kann die Kultureinrichtung anbieten?
- Zu welchem Zeitpunkt soll das Sponsorship beginnen und welche Dauer wird es umfassen?
- Welche Möglichkeiten der Erfolgsmessung des Sponsorship wird es geben?

Bei der Auswahl möglicher Sponsoren sollte grundsätzlich kriteriengeleitet vorgegangen werden; relevante Aspekte sind hier unter anderem:

- Übereinstimmung der Zielgruppen, Produkte und/oder des Image von Sponsor und Kulturanbieter (Zielgruppen-, Produkt-, Imageaffinität),
- geographische Nähe zum Einzugsgebiet des kulturellen Akteurs,
- bisheriges und aktuelles Engagement in anderen Sponsorships,
- Seriosität des potenziellen Sponsors,
- Professionalität des Sponsors im Umgang mit Sponsorships in der Kultur.

Im Sponsoring manifestiert sich besonders deutlich der Austauschgedanke des Marketing – den materiellen und immateriellen Leistungen der Sponsoren stehen die zu erbringenden Gegenleistungen der Kulturanbieter gegenüber; hierzu gehören unter anderem:

- Namensnennung des Sponsors und Präsentation seines Logos auf Plakaten, Broschüren, Programmheften, auf der Homepage etc.,
- Hinweis auf den Sponsor in Eröffnungsreden, Interviews, Statements etc.,
- Nennung des Sponsors bei allen projektbezogenen Public Relations-Maßnahmen,
- Informationsstand des Sponsors im Rahmen von Veranstaltungen,
- Frei- und Exklusivkarten für den Sponsor und seine Geschäftspartner,
- VIP-Events, exklusive Führungen, Empfänge etc. für den Sponsor und seine Geschäftspartner,
- Nutzung der Räumlichkeiten des Gesponserten für Unternehmenszwecke.

Insgesamt sind die Sponsoringaktivitäten sowohl auf Seiten der Sponsoren als auch auf Seiten der gesponserten Kulturanbieter in gesamtstrategische (Marketing-)Überlegungen einzubetten. Sponsoring gilt bei den Unternehmen als ein wichtiges Instrument im Rahmen ihrer Kommunikationspolitik, das eine direkte Kundenansprache und wirkungsvolle Form der Kundenbindung ermöglicht; Kultursponsoring ist dabei (nur) eine Option unter anderen Sponsoringalternativen, die z.B. im Sport-, Bildungs- oder Umweltbereich bestehen. Auf Seiten der Kulturanbieter ist es in einem – in Zeiten knapper öffentlicher Haushaltskassen und einer schwierigen Situation an den Finanzmärkten (Kapitel 10) – immer härter umkämpften Sponsoringmarkt, wesentlich, sämtliche im Zusammenhang mit dem Sponsoring stehenden Aktivitäten sorgsam zu planen, um sich im Wettbewerb um die Aufmerksamkeit und Ressourcen von Unternehmen durchsetzen zu können. Dazu benötigen sie eine klare Profilierung und Positionierung (Kapitel 4), eine ausgeprägte Zielgruppen- und Serviceorientierung

(Kapitel 5), attraktive Kern- und Zusatzleistungen sowie eine professionelle Kommunikationspolitik (Kapitel 6).

8.2 Fundraising

Der Begriff des Fundraising wird in der Literatur nicht einheitlich verwendet. So wird das Fundraising – „to raise funds" = (finanzielle) Mittel beschaffen – zum Teil als Oberbegriff verstanden, dem das Sponsoring als ein Instrument neben anderen im Gesamtmix des Fundraising zu subsumieren ist (Lissek-Schütz 1998, S. 7f.; Haibach 2006, S. 19ff.; Gerlach-March 2010, S. 47ff.). Nach einer anderen Sichtweise werden Fundraising und Sponsoring als zwei eigenständige, gleichrangige Instrumente im Beschaffungsmarketing von Kultureinrichtungen eingeordnet. Fundraising wird hier im Sinne eines systematischen Sammelns von privaten Spenden und öffentlichen Unterstützungsleistungen verstanden (vgl. Heinrichs 1997, S. 176f.; Heinrichs 1998, S. 6f.; Klein 2011b, S. 244). Dabei hat die zweite Auffassung den Vorteil, dass der wesentliche Unterschied zwischen Fundraising und Sponsoring nicht verwischt werden kann: Während Sponsoring auf dem ökonomischen Grundsatz von Leistung und Gegenleistung beruht, werden im Fundraising von den Kultureinrichtungen prinzipiell keine Gegenleistungen – zumindest nicht im Sinne von Werbeleistungen – erbracht.

Gegenüber dem traditionellen Spendensammeln zeichnet sich das Fundraising durch eine systematische, zielgruppenbezogene und auf Kontinuität angelegte Vorgehensweise aus (vgl. hierzu auch die Diskussion in Kapitel 7.4 zum Crowdfunding). Als Adressaten des Fundraising kommen neben Privatpersonen vor allem öffentliche und private (Förder-)Stiftungen, aber auch Institutionen des Bundes, der Länder oder der EU sowie Verbände und Unternehmen in Betracht. Nicht nur der Begriff, sondern die Philosophie des Fundraising stehen eng in der amerikanischen Tradition des *philanthropic giving*, bei der der „Impuls zu geben" durch Gemeinsinn, also durch das Bedürfnis, etwas Gutes tun zu wollen, motiviert ist (vgl. Lissek-Schütz 1998, S. 8; Klein 2011b, S. 234). Zu betonen ist hierbei, dass dieser Gemeinsinn der Amerikaner, der durch das Prinzip der sozialen Verpflichtung und der Verantwortung des Einzelnen besonders stark ausgeprägt ist, nicht auf Deutschland, wo ein anderes Staatsverständnis vorherrscht, übertragbar ist. Der Umfang und die gesellschaftliche Anerkennung des privaten Gebens sind hier dementsprechend geringer (vgl. Haibach 2006, S. 90ff.).

Für den Erfolg beim Fundraising ist es daher umso wichtiger, dass den einzelnen Aktivitäten ein strategisch angelegtes und professionell ausgerichtetes

Konzept zugrunde liegt: Die einzelnen Schritte und deren Umsetzung müssen langfristig geplant und aufeinander abgestimmt werden. Von Bedeutung ist auch die Schaffung von konkreten Zielvorgaben einschließlich einer Kontrolle der im Rahmen des Fundraising verursachten Kosten und des jeweils erzielten Nutzens. Darüber hinaus sollte bereits frühzeitig beantwortet werden, welche personellen und organisatorischen Ressourcen (in quantitativer und qualitativer Hinsicht) beim Kulturanbieter vorhanden sind, um das Fundraising systematisch durchführen zu können.

Nicht zuletzt aufgrund der Tatsache, dass eine Vielzahl von Gemeinwohlanliegen und gemeinnützigen Organisationen um die Gunst der Spendengeber konkurrieren, ist es von Bedeutung, dass die Ziele, die Aufgaben und das Profil des Kulturanbieters für Externe offenkundig und nachvollziehbar sind: Welches Profil und welche „unique selling proposition" hat der Kulturanbieter (Kapitel 1 und 4) und welche Leistungen werden am Markt angeboten (Kapitel 6). Ähnlich wie beim Sponsoring ist darüber hinaus der konkrete Finanzierungsbedarf und die Förderdauer im Vorfeld zu ermitteln und an die potenziellen Förderer zu kommunizieren: Für welches Förderprojekt werden in welchem Zeitraum welche monetären und nicht-monetären Mittel benötigt?

Grundsätzlich ist beim Fundraising zu beachten, dass sich verschiedene Vorhaben unterschiedlich gut für eine Gewinnung potenzieller Spendengeber eignen: So muss zum Beispiel bei der Ansprache von Privatpersonen ein überzeugender Fördergrund vorhanden sein, mit dem sich die Menschen identifizieren können und dessen Unterstützungswürdigkeit unmittelbar offensichtlich bzw. emotional erfahrbar ist. Bei der Ansprache von (*Förder-*)Stiftungen ist wiederum darauf zu achten, dass das zu fördernde Kulturprojekt und der Stiftungszweck miteinander kompatibel sind, da Stiftungen ausschließlich zweckgebunden fördern und von dieser Regel auch nicht abweichen (dürfen) (siehe hierzu das Praxisbeispiel am Ende des Kapitels). Zudem gibt es Stiftungen, die rein *operativ* tätig sind und ausschließlich Projekte in eigener Regie durchführen (z.B. *Bertelsmann Stiftung*). Aufgrund der Komplexität der Stiftungslandschaft sollte im Vorfeld eine sorgfältige Analyse der in Betracht kommenden Stiftungen stattfinden, bevor knappe Ressourcen für das (langwierige) Schreiben von umfangreichen Förderungsanträgen (vergeblich) eingesetzt werden.

Diese kurze Einführung zum Fundraising von Kulturbetrieben abschließend (ausführlicher zum Thema siehe u.a. Gerlach-March 2010) soll betont werden, dass es beim Fundraising um den Aufbau und die Pflege von *Beziehungen* zwischen den Geldgebern und Kulturanbietern geht. Im Kern eines solchen *Friendraising* bzw. *Relationship Fundraising* steht – wie beim Relationship Marketing insgesamt (Kapitel 5.1) – die Entwicklung von Aktivitäten, durch die

8 Beschaffungsmarketing im Kulturbereich

sich die Förderer wichtig, geschätzt und geachtet fühlen. Fundraising zielt also weniger auf das (kurzfristig ausgerichtete) Auftreiben von Geld ab, als vielmehr auf die Entwicklung einer (langfristigen) Beziehung zwischen der Kultureinrichtung und ihren Förderern (vgl. Abb. 18). Damit wird es zu einer zentralen Herausforderung des Fundraising, aus Geldgebern, die einen Kulturanbieter einmal unterstützt haben (Erstspender), solche werden zu lassen, die wiederholt und im Idealfall sogar dauerhaft und ggf. mit größeren Summen (Großspender, Stifter) fördern (vgl. Lissek-Schütz 1999, S. 235).

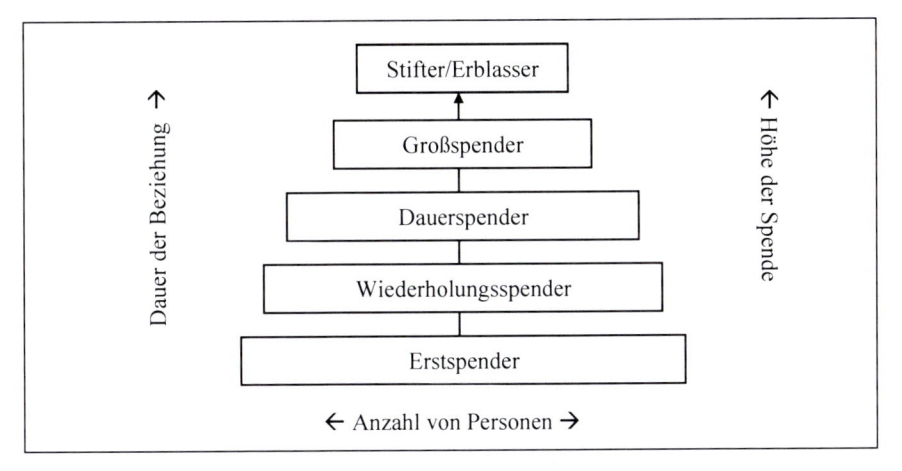

Abb. 18: Entwicklungsstufen des Relationship Fundraising

Praxisbeispiel Stiftung

Die *Kulturstiftung des Bundes* fördert Kunst und Kultur im Rahmen der Zuständigkeit des Bundes. Ein Schwerpunkt ist die Förderung innovativer Programme und Projekte im internationalen Kontext. Dabei investiert die Stiftung auch in die Entwicklung neuer Verfahren der Pflege des Kulturerbes und in die Erschließung kultureller und künstlerischer Wissenspotentiale für die Diskussion gesellschaftlicher Fragen. Die Kulturstiftung des Bundes setzt außerdem einen Schwerpunkt auf den kulturellen Austausch und eine grenzüberschreitende Zusammenarbeit (Quelle: Kulturstiftung des Bundes).

9 Implementierung des Kulturmarketing

9.1 Organisation und Koordination

Damit die in den Kapiteln 1 bis 7 diskutierten Maßnahmen des Marketing erfolgreich in die Praxis umgesetzt werden können, bedarf es als Grundvoraussetzung einer markt- und besucherorientierten *Organisation* des Kulturbetriebs. Grundsätzlich umfasst die Organisation sämtliche struktur- und prozessbezogenen Regelungen (Aufbau- und Ablauforganisation), die zur Realisierung der Zwecksetzung eines Kulturanbieters erforderlich sind. Während sich die *Aufbauorganisation* mit Fragen der Aufgabenverteilung, Zuständigkeiten und Verantwortungsbereiche befasst, beschäftigt sich die *Ablauforganisation* mit Regelungen für die Abfolge und Koordination von Teilaktivitäten bzw. Prozessen (ausführlich hierzu Steinmann/Schreyögg 2005).

Als wesentliche Kriterien für eine funktionsfähige Aufbauorganisation lassen sich nennen (vgl. Bruhn 2012b, S. 279ff.):

- Strukturierung des Kulturbetriebs dergestalt, dass eine effiziente Spezialisierung der Stellen und Abteilungen möglich wird, um das Know-how der Mitarbeiter optimal zu nutzen.
- Sicherstellung eines möglichst reibungslosen Informations- und Kommunikationsaustausches zwischen den verschiedenen Stellen und Abteilungen innerhalb eines Kulturbetriebs, um die Nachteile der Spezialisierung, d.h. die Verteilung von Einzelaufgaben auf unterschiedliche Organisationseinheiten, aufzufangen.
- Förderung von Motivation und Teamorientierung in den einzelnen Abteilungen, damit gemeinsame Strategien und Problemlösungen gefunden werden können und die Mitarbeiter das „große Ganze", d.h. den übergeordneten Organisationszweck des Kulturbetriebs im Blick behalten.

Nachfolgend werden zwei idealtypische Formen der Aufbauorganisation vorgestellt. Im Zusammenhang mit der Entscheidung für oder gegen ein Modell steht grundsätzlich die Frage nach der Art der organisatorischen Eingliederung des Marketing in die sonstigen Tätigkeitsbereiche eines Kulturanbieters.

Bei der *funktionsorientierten Organisation* wird die Aufbauorganisation nach verschiedenen Funktionen ausgerichtet, wie z.b. Forschung, Technik, Verwaltung, Marketing etc. In größeren Kulturbetrieben wird das Marketing – häufig unter Verwendung einer tautologischen Bezeichnung, wie etwa „Kommunikation und Marketing" oder „Öffentlichkeitsarbeit und Marketing" – eine (eigenständige) Funktion unter mehreren anderen darstellen (vgl. Abb. 19); in kleineren und mittleren Einrichtungen wird das Marketing häufig einem anderen Funktionsbereich zugeordnet, in der Regel der Verwaltung. Die Vorteile einer funktionsorientierten Aufbauorganisation liegen in erster Linie in der Möglichkeit zur fachlichen Spezialisierung und den eindeutig abgegrenzten Zuständigkeiten. Gleichzeitig ist diese Organisationsform weniger in der Lage, Besonderheiten einzelner Geschäftsfelder Rechnung zu tragen.

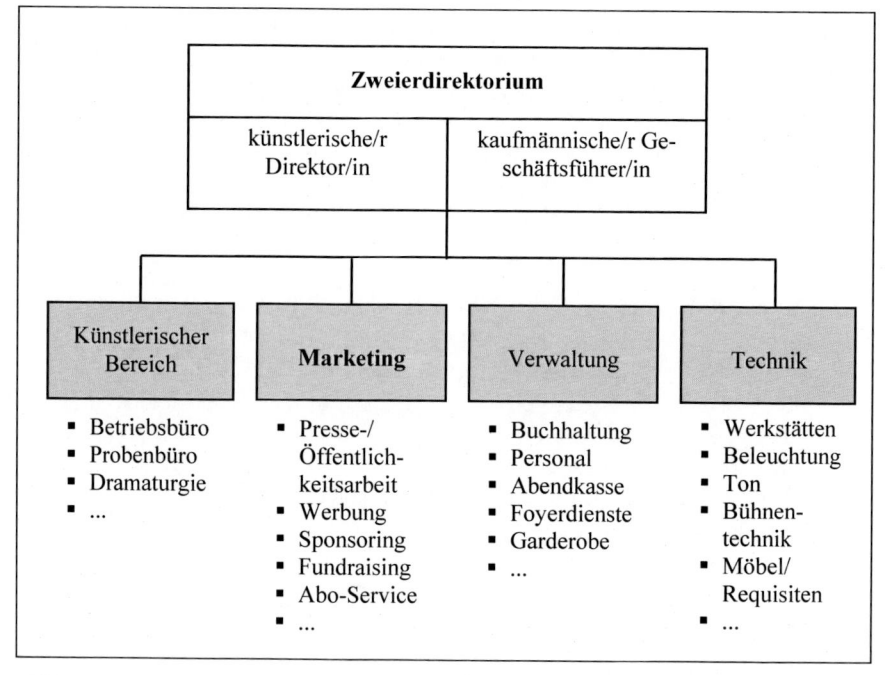

```
                          Zweierdirektorium
                   ┌─────────────────┬─────────────────┐
                   │ künstlerische/r │ kaufmännische/r │
                   │   Direktor/in   │ Geschäftsführer/in │
                   └─────────────────┴─────────────────┘
```

Künstlerischer Bereich	**Marketing**	Verwaltung	Technik
• Betriebsbüro • Probenbüro • Dramaturgie • ...	• Presse-/ Öffentlichkeitsarbeit • Werbung • Sponsoring • Fundraising • Abo-Service • ...	• Buchhaltung • Personal • Abendkasse • Foyerdienste • Garderobe • ...	• Werkstätten • Beleuchtung • Ton • Bühnentechnik • Möbel/ Requisiten • ...

Abb. 19: Funktionsorientierte Aufbauorganisation eines Theaters

Bei der *objektorientierten Variante* wird die Aufbauorganisation nach Bezugsobjekten gegliedert, d.h. z.B. nach Produkten oder Geschäftseinheiten eines Kulturanbieters. Damit werden unterschiedliche Aktivitäten (Vermarktung,

9 Implementierung des Kulturmarketing

Instandhaltung, technische Überwachung etc.), die auf das gleiche Objekt (z.B. die Sparte Ballett in einem Mehrspartentheater oder Sonderausstellungen in einem Museum) abzielen, gebündelt. Allerdings kann es bei dieser Organisationsform zu einem innerbetrieblichen Wettbewerb um knappe (finanzielle, personelle) Ressourcen und zu Parallel- bzw. Doppelarbeiten (z.B. im Bereich der Besucheransprache) kommen.

In der Praxis werden die dargestellten idealtypischen Grundformen der Aufbauorganisation in der Regel miteinander kombiniert (vgl. Abb. 20), um den Besonderheiten einzelner Kulturbetriebe besser gerecht werden zu können. So gliedert die *Stiftung Klassik Weimar* ihre Organisation sowohl objektorientiert nach Produkten bzw. Geschäftsfeldern (Schlösser und Gärten, Museen, Archiv, Herzogin Anna Amalia Bibliothek) als auch funktionsorientiert (Verwaltung). Das Marketing ist in diesem Fall in die Linie integriert – wird also weder als eigenständige Funktion behandelt noch der Verwaltung als Stelle zugeordnet –, sondern als *Stabsstelle* an die Führungsebene (hier: Präsidium) angedockt (vgl. SKW 2012). Stäbe erfüllen in erster Linie Aufgaben der Entscheidungsvorbereitung, Beratung oder Kontrolle, ohne jedoch mit Weisungsbefugnissen ausgestattet zu sein. Alle drei Möglichkeiten der organisatorischen Verankerung des Marketing in den Kulturbetrieb – Stelle, Stab, Funktion – verfügen jeweils über Vor- und Nachteile; eine Entscheidung diesbezüglich kann grundsätzlich nur unter Berücksichtigung der Führungskultur, den konkreten Führungspersonen und einer genauen Analyse der spezifischen Ausgangssituation eines Kulturbetriebs getroffen werden.

Es ist offensichtlich, dass durch die Festlegung der Aufbauorganisation eines Kulturbetriebs Abteilungsgrenzen und Aufgabenschnittstellen entstehen, die zu Ressortegoismen und Effizienzverlusten führen können. Aus Sicht des Marketing kann es vor allem zu Schwierigkeiten bei der Umsetzung von Markt- und Besucherorientierung kommen. Wie einführend zu diesem Kapitel bereits thematisiert, gilt es dies durch eine entsprechende *Ablauforganisation* bzw. ein adäquates Prozessmanagement zu verhindern (Bruhn 2012b, S. 279ff.). Ziel ist es hierbei, die Koordinations- und Abstimmungsprobleme, die durch eine bestimmte Aufbauorganisation entstehen, durch eine entsprechende Ausgestaltung von funktionsübergreifenden Prozessen im Kulturbetrieb zu minimieren (allgemein hierzu Homburg 2009, S. 1138f.). Unter einem *Prozess* wird dabei eine Tätigkeitsfolge bzw. Kombination von Aktivitäten verstanden, die zur Erfüllung einer Aufgabe, z.B. Beschwerdemanagement oder Akquisition neuer Abonnenten, durchlaufen werden müssen.

Ansatzpunkte für eine solche Sicherstellung von Effektivität und Effizienz der Ablauforganisation liegen z.B. in der

- Benennung eines Prozessmanagers („process owner"), der für die Koordination bestimmter Prozesse verantwortlich ist (z.B. Beschwerdemanager),
- Erweiterung von Entscheidungskompetenzen bei einzelnen Mitarbeitern (z.B. im Umgang mit Beschwerden) und der Neu(zu)ordnung von Teilaufgaben, um Prozesse zu beschleunigen,
- Sicherstellung der Verfügbarkeit von relevanten prozessbezogenen Informationen durch eine entsprechende Informationstechnologie (z.B. Datenbanken, CRM Software).

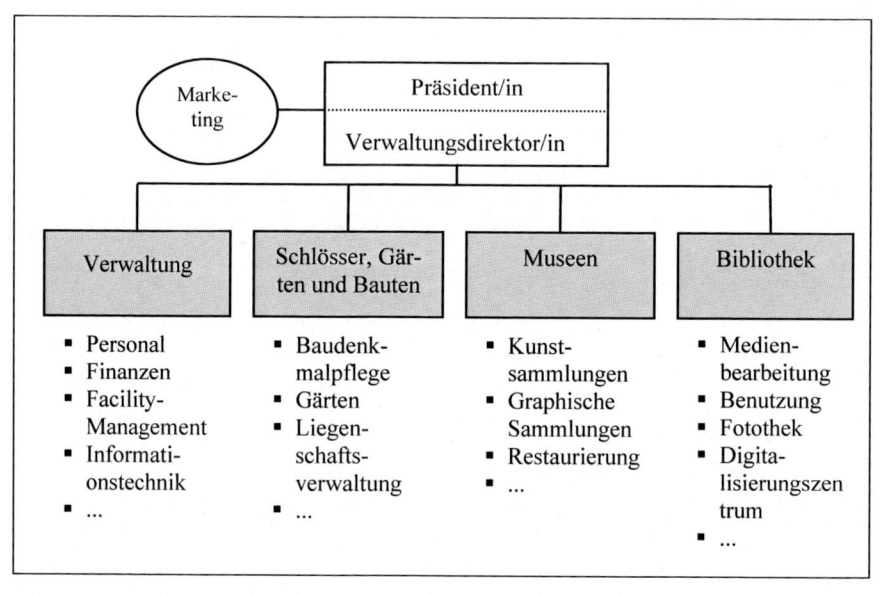

```
                 Marketing ── Präsident/in
                            Verwaltungsdirektor/in
         ┌──────────────┬──────────────┬──────────────┐
    Verwaltung    Schlösser, Gärten   Museen        Bibliothek
                   und Bauten
```

Verwaltung	Schlösser, Gärten und Bauten	Museen	Bibliothek
• Personal • Finanzen • Facility-Management • Informationstechnik • ...	• Baudenkmalpflege • Gärten • Liegenschaftsverwaltung • ...	• Kunstsammlungen • Graphische Sammlungen • Restaurierung • ...	• Medienbearbeitung • Benutzung • Fotothek • Digitalisierungszentrum • ...

Abb. 20: Kombinierte Aufbauorganisation eines Museums

9.2 Der Faktor „Mitarbeiter"

9.2.1 Promotorenmodell

Die Implementierung des Marketing im Allgemeinen und bestimmter Marketingmaßnahmen im Besonderen (z.B. Leitbildentwicklung, Einführung eines Beschwerdemanagementsystems) ist für einen Kulturbetrieb und seine Mitarbeiter oftmals mit Lernprozessen verbunden. Den eigentlich erforderlichen Verän-

9 Implementierung des Kulturmarketing

derungen stehen allerdings häufig festgefahrene Verhaltensweisen, Machtstrukturen, bereichsbezogene Denkmuster ebenso entgegen wie sonstige Widerstände und Konflikte. Diese Widerstände sind in der Regel kein eindimensionales Phänomen, sondern erstrecken sich meist auf eine Vielzahl von (vordergründigen) Argumenten: Von „Das haben wir noch nie so gemacht!" über „Das gefährdet unsere künstlerischen Ziele!" bis hin zu „Dafür haben wir doch gar kein Geld!" und „Das bringt doch überhaupt nichts!".

Im Zusammenhang mit den Kooperationsstrategien ist bereits auf verschiedene Arten von Barrieren hingewiesen worden; in Tabelle 5 werden mögliche Barrieren aufgeführt, die eine Umsetzung des Kulturmarketing bzw. einzelner Maßnahmen erschweren oder sogar verhindern können.

Barrieren des „Nicht-Wissens"	Barrieren des „Nicht-Wollens"
• veraltete Denk- und Reaktionsmuster (Marketing wird z.b. auf Werbung reduziert) • unbekannte Ursache-Wirkungszusammenhänge (z.b. ist der Zusammenhang von Besucherorientierung einerseits und der Erreichung zahlreicher Oberziele eines Kulturbetriebs andererseits nicht bekannt) • Anhaftung an tradiertem Wissen (Marketing wird z.b. als „Ausverkauf" von Kunst und Kultur gesehen)	• sachliche Gründe (Ablehnen der Leitprinzipien und Ziele des Kulturmarketing etc.) • machtpolitische Gründe (drohender Verlust einer Machtposition aufgrund neuer Ressourcen- und Budgetzuteilung zugunsten von Marketingaktivitäten etc.) • andere persönliche Gründe (Sorge vor Mehrarbeit und Überstunden, Belastung durch Einarbeitung neuer Kollegen, Angst vor fachlicher Überforderung etc.)

Tab. 5: Mögliche Barrieren bei der Implementierung von Kulturmarketing

Es lässt sich festhalten, dass die Gründe für Widerstände gegen Veränderungen vielfältiger Natur sein können. Wie aber kann das Marketing trotz möglicher Barrieren erfolgreich im Kulturbetrieb etabliert werden? Aus der empirischen Innovationsforschung (vgl. Hauschildt/Chakrabarti 1988) ist in diesem Zusammenhang bekannt, dass zur Überwindung von Widerständen eine Rollendifferenzierung innerhalb eines Gespanns so genannter Promotoren erfolgreich ist (vgl. Meffert et al. 2012, S. 784f. sowie für den Kulturbereich Hausmann 2001 und 2007b). Im Grundmodell werden drei Typen mit unterschiedlichen Aufgaben- und Machtschwerpunkten unterschieden (siehe Abb. 21), die auch für die erfolgreiche Implementierung des Kulturmarketing von Bedeutung sind:

Macht-promotor	Überwindung von Willensbarrieren →	hierarchisches Potenzial
Fach-promotor	Überwindung von Wissensbarrieren →	spezifisches Fachwissen/ funktionale Autorität
Prozess-promotor	Verbindung und Koordination von Macht- und Fachpromotor →	Organisations-kenntnis/ Kommunikations-potenzial

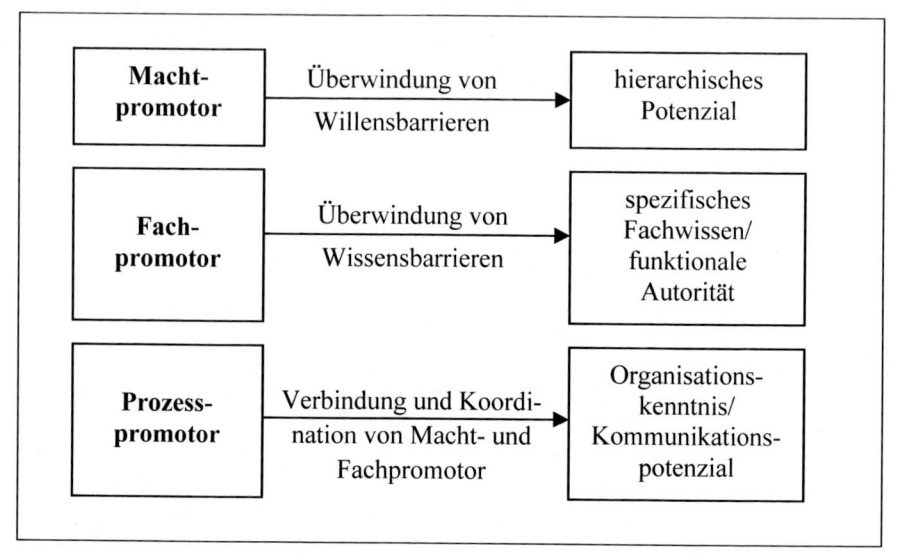

Abb. 21: Aufgaben und Machtquellen der Promotoren

- Der *Machtpromotor* verfügt aufgrund seiner hierarchischen Position über die entsprechenden Möglichkeiten, um die Marketingimplementierung erfolgreich vorantreiben zu können. Er kennt die (künstlerische, kulturpolitische) Zielsetzung und die „corporate mission" seiner Einrichtung und verfügt über eine strategische Orientierung. So kann der Machtpromotor, der in der Regel vom Direktor, Geschäftsführer etc. oder einer anderen in der Hierarchie des Kulturbetriebs hoch angesiedelten Führungskraft verkörpert wird, die Umsetzung des Marketing wesentlich fördern, indem er z.B. das erforderliche Budget für die Etablierung eines neuen Beschwerdemanagementsystems freigibt oder personelle Ressourcen entsprechend der Erfordernisse des Marketing neu zuteilt. Aufgrund seiner Position und der damit einhergehenden Möglichkeiten zur Durchsetzung von Anordnungen, aber vor allem auch zum Setzen von (im)materiellen Anreizen ist der Machtpromotor besonders geeignet, die bei den Opponenten vorhandenen Barrieren des Nicht-Wollens zu überwinden.

9 Implementierung des Kulturmarketing 121

- Demgegenüber übernimmt der *Fachpromotor* die Aufgabe, die bei den Mitarbeitern vorhandenen Fähigkeits- bzw. Wissensbarrieren abzubauen. Er gilt als Ideenträger, der die Implementierung des Marketing durch seine Qualifikation und aktive Informationsvermittlung innerhalb eines Kulturbetriebs fördert („funktionale Autorität"). Im Idealfall wird die Rolle des Fachpromotors von einem Mitarbeiter wahrgenommen, der mit der Planung und Umsetzung von Marketingmaßnahmen betraut ist und über hohes Fachwissen verfügt. So besitzt z.B. ein Mitarbeiter aus den Bereichen Vermittlung, Öffentlichkeitsarbeit und Besucherservice entsprechendes Wissen in Bezug auf das Besucherverhalten und die Besuchererwartungen und ist zudem von der Einführung eines Projekts zur Verbesserung des Beschwerdemanagement unmittelbar betroffen.

- Der *Prozesspromotor* verfügt über eine fundierte Organisationskenntnis und sichert die Koordination von Fach- und Machtpromotor. Während Fach- und Machtpromotor bestimmte Ressourcen bzw. Machtausprägungen (hierarchische Macht, Informationsmacht) einbringen, gelingt dem Prozesspromotor die Verknüpfung dieser Ressourcen – er versteht es, soziale Netzwerke aufzubauen, Konflikte zu lösen und Konsens herzustellen. Wichtige Voraussetzung für die Wahrnehmung dieser Rolle ist es, dass die jeweilige Person über hinreichendes Geschick und, z.B. aufgrund langer Betriebszugehörigkeit, entsprechende Organisationskenntnisse und Netzwerke verfügt, die (richtigen) Mitarbeiter im Haus anzusprechen und als Befürworter für die Implementierung des Marketing bzw. bestimmter Maßnahmen zu gewinnen. Im Kulturbereich kann es sinnvoll sein, wenn Fach- und Prozesspromotor aus jeweils einem der häufig oppositionellen Bereiche eines Hauses (z.B. wissenschaftliches oder künstlerisches Personal auf der einen, Mitarbeiter aus den Arbeitsbereichen Vermittlung und Marketing bzw. Öffentlichkeitsarbeit auf der anderen Seite) stammen.

9.2.2 Internes Marketing

Von internem Marketing wird dann gesprochen, wenn die Mitarbeiter selbst die Adressaten von Steuerungsmaßnahmen im Hinblick auf absatzmarktbezogene Erfordernisse sind. Diese Ausweitung des Marketingverständnisses ist in der Erkenntnis begründet, dass sich Kundenvorteile (Kapitel 1.2) in Zeiten, in denen eine Differenzierung im Wettbewerb über die Kernleistung schwieriger wird, vor allem auch über die „Art" der Leistungserstellung und damit über die Kompetenzen, Kontaktfähigkeit und Kundennähe der eingesetzten Mitarbeiter erreichen lassen. Vor allem im Marketing von Dienstleistungsanbietern ist die Sicherstellung einer hohen Serviceorientierung, insbesondere bei den Mitarbeitern in unmittelbarem Kundenkontakt, von zentraler Bedeutung für den Markterfolg. Wenngleich diese Erkenntnis zur Wichtigkeit des Faktors „Mitarbeiter" auch und gerade im personalintensiven Dienstleistungsbereich „Kultur" von Relevanz ist, so existiert hierzu doch bislang noch wenig weiterführende Literatur (vgl. Klein 2009, S. 8ff.; Hausmann 2012c, S. 1ff.). Vor diesem Hintergrund sollen im Folgenden die Möglichkeiten des internen Marketing etwas ausführlicher dargestellt werden.

Das interne Marketing hat zum Ziel, durch die Umsetzung von Mitarbeiterorientierung und die Gestaltung von internen Kunden-Lieferanten-Beziehungen (z.B. zwischen zwei oder mehr Abteilungen, die im internen Dienstleistungserstellungsprozess aufeinander angewiesen sind) mittels ausgewählter Instrumente des Marketing- und Personalmanagement, die Mitarbeiter zu mehr besucherorientiertem Verhalten anzuregen und insgesamt Marketing und Besucherorientierung als Denkhaltung und Leitphilosophie im Kulturbetrieb zu etablieren (allgemein hierzu Bruhn 1999, S. 20). Denn das Konzept des internen Marketing basiert auf der Annahme, dass jene Strategien und Maßnahmen des Kulturmarketing, die von den eigenen Mitarbeitern nicht angenommen oder verstanden werden, nicht erfolgreich auf dem Markt bzw. beim Besucher umgesetzt werden können (allgemein hierzu Meffert et al. 2012, S. 784f.). Das interne Marketing stellt damit eine entscheidende Voraussetzung für die Markt- und Besucherorientierung eines Kulturbetriebs dar (vgl. Abb. 22).

Abb. 22: Wechselbeziehungen zwischen internem und externem Marketing

9 Implementierung des Kulturmarketing

Die erfolgreiche Umsetzung des internen Marketing hängt von einer systematischen Planung ab. Dazu gehört in einem ersten Schritt die Analyse der internen Rahmenbedingungen eines Kulturbetriebs: Wo und warum mangelt es an Abstimmung zwischen den Abteilungen bzw. einzelnen Mitarbeitern? Wo und warum gibt es Widerstände einzelner Mitarbeiter gegenüber bestimmten Problemstellungen oder Veränderungen? An welchen Stellen sind organisatorische Schnittstellenprobleme im Kulturbetrieb zu konstatieren? etc. Das Ergebnis einer solchen Stärken-Schwächen-Analyse stellt die Grundlage für die Festlegung der Aufgabenschwerpunkte des internen Marketing dar (siehe ausführlicher zur Stärken-Schwächen-Analyse in Kulturbetrieben Hausmann 2005, S. 155f.).

In Abhängigkeit von den Auswertungsergebnissen der ersten Planungsphase wird der Fokus des internen Marketing abgegrenzt. In vielen Kulturbetrieben wird der Schwerpunkt zunächst auf einer Verbesserung der Informations- und Kommunikationswege zwischen den Abteilungen und einzelnen Stellen liegen. Im Anschluss an die Bestimmung der Aufgabenschwerpunkte werden konkrete Ziele des internen Marketing (Verkürzung der Bearbeitungszeit von Beschwerden, wöchentliche Teambesprechungen etc.) festgelegt, die sich später einer Erfolgskontrolle unterziehen lassen. Als ein weiteres wichtiges Element der *strategischen* Planung beim internen Marketing gilt die Segmentierung der Mitarbeiter (z.B. im Hinblick auf ihre Aufgabenbereiche oder Hierarchieebenen). Die verschiedenen Themen des internen Marketing sind im Regelfall nicht für alle Mitarbeiter von gleicher Bedeutung. So berührt die Verbesserung der Informations- und Kommunikationswege zwischen der Mitarbeiterin für Pressearbeit und einer Ausstellungskuratorin nicht (unmittelbar) den Aufgabenbereich der Mitarbeiter und an der Museumskasse.

Im Rahmen der *operativen* Planung des internen Marketing sind die konkreten Instrumente auszuwählen, mit denen die gesteckten Ziele erreicht werden sollen. Der Einsatz der internen Marketinginstrumente bewegt sich dabei an der Schnittstelle zwischen *personalorientiertem Marketing* und *marketingorientiertem Personalmanagement*. Damit werden dem Konzept zum einen die aus dem extern ausgerichteten Marketing bekannten Verhaltensleitlinien, Methoden und Instrumente zugrunde gelegt, zum anderen werden wichtige personalpolitische Aktivitäten (wie z.B. die Personalakquisition oder -entwicklung) unter dem Primat der Kunden- bzw. Besucherorientierung vorgenommen. So sollte ein Kulturbetrieb, der sich als besonders besucher- und serviceorientiert versteht, darauf achten, dass dies bei der Personalansprache (z.B. bei der Selbstdarstellung des Hauses in einer Stellenanzeige oder bei der Formulierung von Erwartungen an die künftigen Mitarbeiter) entsprechend vermittelt wird. Ähnlich sollte bei der Personalauswahl, insbesondere in den Schlüsselfunktionen wie

Besucherservice, Vermittlung etc., möglichst konsequent darauf geachtet werden, dass Bewerber mit entsprechender Fähigkeit und Bereitschaft im Hinblick auf die Umsetzung von besucherorientierten Maßnahmen gewonnen werden. Nachfolgend werden weitere marketing- und personalpolitische Maßnahmen vorgestellt.

(1) Interne Kommunikationspolitik

Eine kontinuierliche, dialogorientierte Kommunikation zwischen den Führungskräften und Mitarbeitern eines Kulturbetriebs sowie der Mitarbeiter untereinander ist von großer Bedeutung für die Mitarbeiterzufriedenheit. Dies bestätigen empirische Erhebungen, wie z.B. die Studie von *Kahn/Garden*, in der drei Viertel der befragten Mitarbeiter angaben, dass ein „lack of consultation and feedback" der Hauptfaktor für Unzufriedenheit mit ihrem Arbeitsplatz ist (vgl. Kahn/Garden 1994). Hinsichtlich der Einbeziehung des Personals in die Kommunikationsprozesse sollte das Augenmerk auf die in unmittelbarem Besucherkontakt stehenden Mitarbeiter (Kasse, Shop, Gastronomie etc.) gerichtet sein; zu diesen Mitarbeitern gelangen viele, gerade auch besucherrelevante Informationen häufig zuletzt (wie die Autoren im Rahmen von Personalgesprächen immer wieder feststellen können).

Zur Erreichung einer solchen zweckgerichteten Kommunikation lassen sich verschiedene Instrumente einsetzen: Neben Einzelgesprächen mit Mitarbeitern oder regelmäßigen Mitarbeiterbesprechungen mit allen eignen sich so genannte „Klausurtagungen", in denen bestimmte Problemstellungen fernab vom Tagesgeschäft diskutiert werden können. Darüber hinaus ist es denkbar, dass die Leitungsebene oder Vorgesetzte auf nachgelagerten Führungsebenen Tage bzw. Stunden der „offenen Tür" einrichten, in denen sie „zwanglos" für Gespräche bereit stehen. Auch der Besuch eines Vorgesetzten am Arbeitsplatz von Mitarbeitern (z.B. an der Kasse, im Eingangsbereich) kann dazu dienen, die interne Kommunikation zu befördern und den Mitarbeiter „vor Ort" zu unterstützen („management-by-walking-around").

Ergänzend sei darauf hingewiesen, dass die Mitarbeiter einer Kultureinrichtung nicht nur von den unmittelbar (intern) an sie gerichteten Botschaften erreicht werden, sondern als so genannte „second audience" auch Empfänger der externen Kommunikation, d.h. der Kommunikation des Kulturbetrieb mit seinen externen Adressaten (Besucher, Sponsoren etc.) sind. Damit sollten die Maßnahmen und Inhalte der externen Kommunikationspolitik mit den im Rahmen der internen Kommunikation umgesetzten Aktivitäten und Botschaften im Einklang stehen.

9 Implementierung des Kulturmarketing

(2) Interne Informationspolitik

Als ein weiteres wichtiges Instrument ist die interne Information hervorzuheben. Eine regelmäßige Herausgabe von Mitteilungen zu relevanten Themen (neue Mitarbeiter, Veränderungen in der Organisationsstruktur, Ziele für einen bestimmten Planungshorizont etc.), z.B. in einem monatlichen Rundschreiben, Newsletter oder in einer Mitarbeiterzeitung, befriedigt das Informationsbedürfnis der Mitarbeiter, fördert ihr Interesse bzw. Commitment für den eigenen Arbeitsplatz und sensibilisiert sie für ein stärker markt- bzw. besucherorientiertes Verhalten.

(3) Training von Mitarbeitern und Führungskräften

Studien, die sich mit der Arbeitseinstellung von Mitarbeitern in Kulturbetrieben befasst haben (z.B. Kahn/Garden 1994), zeigen, dass ein von den Beschäftigten empfundener geringer Wissensstand bzw. geringe Fähigkeiten („narrow skill base") zu den wichtigsten Quellen für Arbeitsunzufriedenheit und Stressgefühle gehören; dabei bezieht sich dieses wahrgenommene Defizit auch auf die Umsetzung von besucherorientiertem Verhalten. Um die Fähigkeiten der Mitarbeiter im adäquaten Umgang mit verschiedenen Besucherkontaktsituationen (z.B. Beschwerden) zu fördern, und um neue Mitarbeiter schneller in die Organisation einzuführen, bietet sich die Durchführung regelmäßiger Schulungen und Trainingskurse an. Neben Seminaren und Workshops, die sowohl von externen Beratern als auch von internen Experten übernommen werden können, lassen sich verschiedene Themen in Projektgruppen weiterentwickeln. Angebote zur Teilnahme an solchen Weiterbildungsmaßnahmen können einen Motivationsanreiz für (engagierte) Mitarbeiter darstellen (vgl. ausführlicher hierzu Hausmann 2012c, S. 10f.).

(4) Empowerment

Dieses Konzept beinhaltet die Delegation von Verantwortungs- und Entscheidungskompetenz auf untere Hierarchieebenen mit dem Ziel der Ausweitung von Handlungsspielräumen (vgl. Brymer 1991; Bowen/Lawler 1995). Den Mitarbeitern wird die Gelegenheit eingeräumt, in ihrem Bereich weitgehend selbst darüber zu entscheiden, wie sie eine bestimmte Arbeitsaufgabe ausführen; was zählt ist das Arbeitsergebnis. Die Mitarbeiter sollen jedoch nicht nur selbständig Entscheidungen treffen können, sondern sie sollen eigenverantwortlich Initiative zur Lösung von Problemen ergreifen und werden deshalb mit entsprechenden Ressourcen ausgestattet. Der Vorteil dieser Vorgehensweise liegt im Zusammenhang mit der Durchsetzung von besucherorientiertem Verhalten darin, dass die Problemlösungsbedürfnisse von Besuchern schneller erfüllt werden können. So ermöglicht Empowerment im Museumsbereich z.b., dass das Kassenpersonal einem Besucher, der sich über nicht zugängliche Ausstellungsräume beschwert, eine Entschädigung anbieten kann ohne übergeordnete Stellen in den Entscheidungsprozess einbeziehen zu müssen (z.b. in Form eines Gutscheins für die Gastronomie).

Neben den genannten Instrumenten spielen im Zusammenhang mit einem an den Grundsätzen des internen Marketing und der Sicherstellung von Mitarbeiter- und Besucherorientierung ausgerichteten Personalmanagement im Kulturmarketing auch *Führungsstile* eine zentrale Rolle. Denn diese nehmen erheblichen Einfluss auf die Motivation und das Engagement von Mitarbeitern. Allgemein beschreibt der Führungsstil die Grundausrichtung des Führungsverhaltens, das ein Vorgesetzter gegenüber seinen Mitarbeitern zeigt. Von den verschiedenen in der Literatur diskutierten Führungsstilen (siehe z.B. Oechsler 2011) können in Abhängigkeit der *Entscheidungsautorität*, die den Mitarbeitern durch den Vorgesetzten eingeräumt werden, drei grundlegende Stile unterschieden werden:

- *Autokratischer Führungsstil*: Aktivitäten und Ziele des Marketing werden vom Vorgesetzten detailliert vorgegeben und festgelegt; die Mitarbeiter verfügen über sehr wenig bis keine Entscheidungsautorität. Häufig werden die Aufgaben nur kurzfristig definiert, langfristige Strategien des Vorgesetzten und seine Bewertungsmaßstäbe für eine „gute Arbeit" bleiben im Dunkeln. Das insgesamt distanzierte Klima kann zu einer schlechten Arbeitsatmosphäre auch im Verhältnis der Mitarbeiter untereinander führen, was sich auf die Mitarbeiterzufriedenheit und korrespondierend dazu auf die Besucherzufriedenheit niederschlagen kann.

- *Kooperativer Führungsstil:* Marketingmaßnahmen und -ziele werden vom Vorgesetzten mit den Mitarbeitern besprochen, die ihrerseits Vorschläge und Ideen in einem gewissen Umfang einbringen können. Weitgehende Ziel- und Bewertungstransparenz erleichtert die Umsetzung von besucherorientiertem Verhalten, die Mitarbeiter fühlen sich wertgeschätzt und sind in der Regel zufriedener.

- *Laissez-faire-Führungsstil:* Die Marketingmaßnahmen und sonstigen Aktivitäten der Mitarbeiter werden vom passiv auftretenden Vorgesetzten kaum gesteuert und bewertet. Die Umsetzung von Besucherorientierung bleibt daher ggf. angewiesen auf den „good-will" und das individuelle Engagement der Mitarbeiter; die fehlenden Vorgaben seitens des Vorgesetzten können bei weniger selbständigen Mitarbeitern zu Orientierungslosigkeit und Überforderung führen.

Zwangsläufig gibt es nicht den *einen* Führungsstil, der für alle unterschiedlichen Arten von Kulturbetrieben und ohne Anpassungserfordernis im Zeitablauf empfohlen werden kann. Vielmehr ist unter Berücksichtigung verschiedener Kriterien wie z.b. der Kultursparte (Musiktheater, Bibliothek, Zirkus etc.), der Art der Leistungserstellung und dem vorherrschenden Mitarbeitertypus (Künstler, Wissenschaftler etc.), Größe der Einrichtung bzw. Anzahl der Mitarbeiter, Unternehmenskultur, Ausmaß von Besucher- und Serviceorientierung etc. ein für den jeweiligen Kulturanbieter und seine individuelle Ausgangslage angepasster Führungsstil zu finden (vgl. für das Musiktheater z.B. Boerner 2002 sowie allgemein Hausmann 2012c).

10 Controlling im Kulturmarketing

10.1 Grundlegende Ziele und Aufgaben

Controlling ist ein Konzept zur Unterstützung einer ganzheitlichen, ergebnisorientierten Unternehmensführung, in dem Aufgaben der Informationsversorgung, Planung, Koordination und Kontrolle auf verschiedenen Ebenen miteinander verknüpft werden (vgl. Hórvath 2011). Dem Marketingcontrolling kommt innerhalb dieses umfassenden Aufgabenspektrums besonderer Stellenwert zu. Dieser ergibt sich zum einen aus der Notwendigkeit zur Kombination von Daten des Rechnungswesens mit Marktforschungsinformationen und der umfassenden Berücksichtigung nicht-monetärer Zielgrößen (Besucherzufriedenheit etc.). Zum anderen werden an der Schnittstelle zwischen Kulturbetrieb und Markt häufig Planrevisionen erforderlich, so dass hier laufenden Soll-Ist-Vergleichen, Abweichungsanalysen sowie der Anregung von Anpassungsmaßnahmen im Rahmen des Marketingcontrolling besonderes Augenmerk zukommt. Das Marketingcontrolling übernimmt damit sowohl Aufgaben der kontinuierlichen Rückkopplung („Feed-back-Prinzip") als auch der zukunftsorientierten Steuerung („Feedforward-Prinzip"). Insgesamt ist es Ziel des Marketingcontrolling, die Planung, Durchführung und Kontrolle sämtlicher Aktivitäten im Kulturmarketing durch eine entsprechende Informationsversorgung zu unterstützen, um so die Effektivität (Wirksamkeit) und Effizienz (Wirtschaftlichkeit) von Marketingmaßnahmen sicherzustellen (vgl. Meffert et al. 2012, S. 822f.; Homburg 2009, S. 1168f.).

Die im Rahmen des Marketingcontrolling gewonnenen Informationen richten sich zunächst an die für das Marketing eines Kulturbetriebs Verantwortlichen sowie in einem nächsten Schritt an die Leitungsebene des Kulturbetriebs sowie ggf. an externe Entscheidungsträger (Organe und Gremien des Rechtsträgers). Im Hinblick auf seine zeitliche Dimension lässt sich das Marketingcontrolling in ein strategisches und ein operatives unterscheiden. Das *strategische* Marketingcontrolling ist auf einen Zeithorizont von fünf bis zehn Jahren angelegt und verfügt damit über einen langfristigen Charakter; der Fokus liegt auf übergeordneten Marketingzielen/-strategien und der dauerhaften Existenzsicherung eines Kulturbetriebs. Im Mittelpunkt des *operativen* Marketingcontrolling, das mit ein bis zwei Jahren über einen deutlich kürzeren Zeithorizont verfügt, steht die Kontrolle laufender Marketingaktivitäten, die Analyse von Abweichungsursachen und die Initiierung von Anpassungsmaßnahmen. Während beim strategischen Marketingcontrolling Informationen sowohl aus dem Kulturbetrieb selbst als auch aus dem Marktumfeld benötigt werden, um Entwicklungen prognostizieren und strategische Entscheidungen treffen zu können, verarbeitet das operative Marketingcontrolling in erster Linie Informationen aus dem Kulturbetrieb.

Dem Marketingcontrolling stehen zur Erfüllung seiner umfassenden Aufgaben eine Vielzahl von Verfahren und Methoden zur Verfügung. Nachfolgend werden einige ausgewählte Instrumente vorgestellt, die auch in der Praxis des Kulturmarketing von Relevanz sind. Ausführliche Informationen zu diesen und weiteren Konzepten des Controlling und Marketingcontrolling finden sich u.a. bei Becker 2009 und Köhler 2006 sowie für den Kulturbereich u.a. bei Schneidewind 2006 und Günter 2011.

10.2 Produktlebenszyklusanalyse

Es ist bereits im Rahmen der Ausführungen zu den Entscheidungsfeldern der Leistungspolitik (Kapitel 6.1.2) darauf hingewiesen worden, dass Produkte und Dienstleistungen von Kulturanbietern in Abhängigkeit von markt-, besucher- und technologieinduzierten Impulsen entwickelt, variiert, differenziert oder eliminiert werden müssen. Daraus folgt, dass kulturelle und kulturbezogene Leistungen im Laufe ihres „Lebens" verschiedene Phasen durchlaufen und in ihrer Existenz begrenzt sind. Auf diesen Umstand nimmt die *Produktlebenszyklusanalyse* Bezug: Sie basiert auf der Annahme, dass sich die Lebensdauer von Produkten in fünf unterschiedliche Phasen einteilen lässt, für die jeweils ein charakteristischer Verlauf von Nachfrage, Umsatz und Gewinn abgebildet werden kann (Abb. 23). Als grundlegende Annahme gilt in diesem zeitraumbezogenen Marktreaktionsmodell, dass neue (marktfähige) Produkte zunächst steigende und dann sinkende Umsätze erzielen und während ihrer absoluten Lebensdauer, unabhängig davon, wie lange diese tatsächlich ist, bestimmte Lebensphasen durchlaufen (vgl. Meffert et al. 2012, S. 849f.). Aus Sicht des Kulturmarketing erlaubt die Analyse der Lebenszyklusphase von Leistungen wichtige Rückschlüsse auf den optimalen Einsatz von Marketingmaßnahmen. Zu den idealtypischen Charakteristika der verschiedenen Phasen lässt sich folgendes festhalten:

- *Einführungsphase*: In dieser Phase wird vom Kulturanbieter eine neue Kern- oder Zusatzleistung auf den Markt gebracht. Da der Bekanntheitsgrad dieser Leistung zwangsläufig noch gering ist, sind die ersten Nutzer vor al-

10 Controlling im Kulturmarketing

lem die Aufgeschlossenen, Experimentierfreudigen und Neugierigen. Wesentliche Instrumente des Marketing sind in dieser Phase neben der Produktpolitik, die Kommunikationspolitik (Werbung, Direct Mailing, Verkaufsförderung etc.) und die Preispolitik (z.b. Prämienpreise zur Abschöpfung der in der Regel höheren Zahlungsbereitschaft von Erstnutzern oder niedrigere Einführungspreise zur schnellen Erhöhung des Marktanteils). Aufgrund der hohen Anfangsinvestitionen, vor allem in die Produktpolitik (z.b. aufgrund einer notwendigen Behebung von „Anfangsfehlern") und die Kommunikationspolitik (v.a. Bekanntmachung und Information), und der nur schwach steigenden Umsätze entstehen in dieser Phase zunächst Verluste.

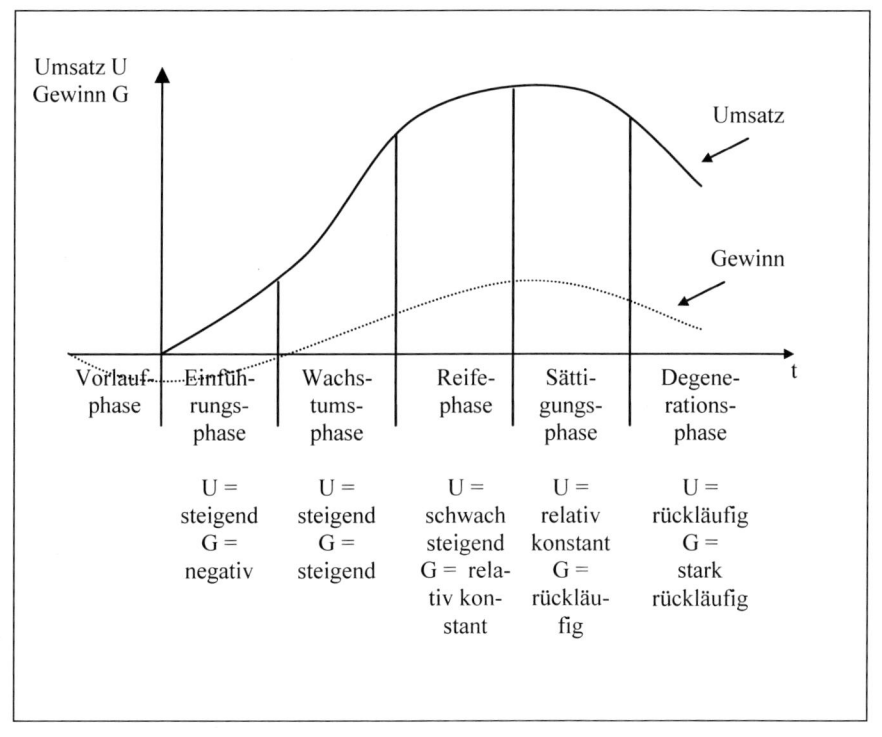

Abb. 23: Idealtypischer Verlauf einer Produktlebenszykluskurve

- *Wachstumsphase*: Idealtypisch erreicht das Produkt mit dem Eintreten in die Wachstumsphase seine Gewinnschwelle. Durch die Marketingmaßnahmen, aber vor allem durch (positive) Mundwerbung zwischen Besuchern bzw. Nutzern und Empfehlungen von Multiplikatoren (Medien etc.) wird die Leistung bei immer mehr Menschen bekannt – die Nachfrage steigt. In diesem Stadium treten erste Wettbewerber mit ähnlichen, im Hinblick auf Form, Preis oder Qualität differenzierten Produkten auf, die neue Zielgruppen ansprechen; es kann zu einer starken Marktexpansion und überproportionalen Umsatzzuwächsen kommen.

- *Reifephase*: Die absolute Marktausdehnung und die Umsatzkurve wachsen weiterhin, allerdings mit geringeren Zuwachsraten als in der vorherigen Phase; die Umsatzrentabilität (UR = Gewinn/Umsatz) geht zurück. Es kommen jetzt „Nachzügler", die noch mitreden wollen; so mancher Besucher kommt ein zweites oder drittes Mal und nimmt die Leistung des Kulturanbieters jetzt mit Freunden oder Bekannten in Anspruch. Die Leistungspolitik ist in dieser Phase durch vermehrte Maßnahmen der Leistungsdifferenzierung zur Anpassung des Angebots an heterogene Nachfragerwünsche gekennzeichnet (vgl. Kapitel 6.1).

- *Sättigungsphase*: In dieser Phase hat die Umsatzkurve ihr Maximum erreicht; die Besucher- und Nutzerzahlen gehen langsam, aber stetig zurück. Spätestens jetzt muss ein Nachfolgeprodukt aufgebaut werden, um die Wettbewerbsfähigkeit des Kulturanbieters zu erhalten und das Interesse an bzw. die Nachfrage nach seinen Leistungen zu sichern. Gleichzeitig kann versucht werden, die Dauer dieser Phase durch entsprechende Maßnahmen im Marketing-Mix (Preisnachlässe, verbesserte Produktausstattung, veränderte Kommunikationsmaßnahmen) auszuweiten.

- *Degenerationsphase*: Diese Phase beschließt den Lebenszyklus einer Leistung. Mögliche Ursachen hierfür können u.a. sein: Der Markt wurde voll ausgeschöpft (sämtliche der anvisierten Zielgruppen wurden erreicht), neue (günstigere, bessere) Angebote von Wettbewerbern sind auf den Markt gekommen und ziehen die Nachfrage auf sich, bestimmte Trends, technische Entwicklungen oder gesetzliche Regelungen haben das Nachfrageverhalten temporär oder nachhaltig verändert.

10.3 Portfolioanalyse

Die Portfolioanalyse berücksichtigt die beiden Entscheidungskriterien „Marktwachstum" und „Marktanteil". Ziel ihrer Analyse ist es, den Kulturanbietern ein

10 Controlling im Kulturmarketing

ausgewogenes Portfolio von am Markt etablierten (und damit nachfrage- bzw. umsatzstärkeren) und weniger etablierten (und damit nachfrage- bzw. umsatzschwächeren) Produkten und Dienstleistungen zu sichern. Dabei kann im Rahmen der Analyse auch die Frage beantwortet werden, in welchem Umfang ein Kulturanbieter finanzielle, personelle etc. Ressourcen in die Bearbeitung eines bestimmten Marktsegments und in die Vermarktung bestimmter Leistungen investieren sollte.

Die Portfolioanalyse wird mit Hilfe eines zweidimensionalen Koordinatensystems dargestellt, in dem die Leistungen eines Kulturanbieters in einer Vierfeldermatrix positioniert werden; die Kreisgrößen entsprechen dem jeweiligen Umsatzvolumen (Abb. 24). Während das *Marktwachstum* die Attraktivität eines Marktes (zum Beispiel für kulturtouristische Leistungen, für zeitgenössische Kunst oder Musicals, für die Vermietung von repräsentativen Räumen etc.) im Sinne einer ausreichenden Nachfrage ausdrückt, spiegelt der *relative Marktanteil* die Stärke der Position eines Kulturanbieters auf diesem Markt wider. Aus der jeweiligen Einordnung einer Leistung im Portfolio können entsprechende Empfehlungen für die Umsetzung von Marketing-Maßnahmen abgeleitet werden (vgl. Homburg 2009, S. 1182f.). Die vier möglichen Positionierungen lassen sich idealtypisch wie folgt unterscheiden:

- Produkte und Dienstleistungen in der Kategorie *Stars* sind durch eine hohe Nachfrage bzw. einen schnell wachsenden Markt gekennzeichnet. Der Kulturanbieter verfügt hier bereits über eine starke Wettbewerbsposition, muss jedoch erheblich investieren (zum Beispiel in eine intensive Vermarktungskampagne), um diese Position halten bzw. ausbauen zu können. Langfristiges Ziel ist es, aus den Stars von heute die Cash Cows von morgen zu machen.

- Bei den als *Cash Cows* bezeichneten Leistungen eines Kulturanbieters können aufgrund des hohen eigenen Marktanteils bzw. der starken Wettbewerbsposition Kostenvorteile abgeschöpft werden (niedrige Stückkosten, hohe Deckungsbeiträge). Da der Markt nicht mehr wächst, sollten jedoch keine (Marketing-)Investitionen mehr getätigt werden. Diese Selbstläufer eines Kulturanbieters (bestimmte Musicals, Veranstaltungen etc.) sind nicht zuletzt deswegen interessant, weil mit ihnen Einnahmen erzielt werden, die für Investitionen in andere Geschäftseinheiten (Stars, Question Marks) benötigt werden („Quersubventionierung").

- Leistungen im Feld der *Poor Dogs* stellen Problemfälle für den Kulturanbieter dar, die aufgrund des geringen Marktwachstums und des eher niedrigen Marktanteils allmählich aufgegeben werden sollten. Sie befinden sich in der Sättigungs- bzw. Degenerationsphase und erwirtschaften in der Regel einen nur geringen oder keinen Deckungsbeitrag – d.h. sie verzehren Ressourcen ohne entsprechende Einnahmen zu generieren. In der Regel ist bei Leistungen in diesem Portfoliofeld eine Desinvestitionsstrategie angezeigt (wenn dem nicht bestimmte kulturpolitische Gründe entgegenstehen). Hier wird noch einmal die Verbindung dieses Konzepts zu den Aussagen der Produktlebenszyklusanalyse (Kapitel 10.2) deutlich.

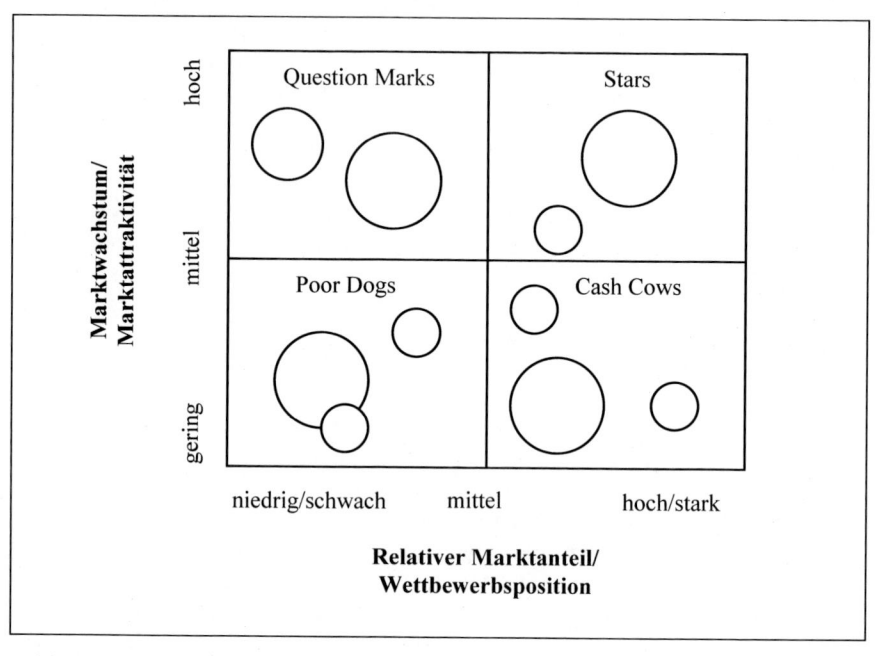

Abb. 24: Portfolioanalyse

- Schwieriger zu beurteilen sind Leistungen, die in das Feld der *Question Marks* fallen: Hier ist das Marktwachstum und die Nachfrage hoch, die eigene Wettbewerbsposition aber (noch) schwach; die Zukunft dieser Leistungen ist daher mit einem Fragezeichen zu versehen. In der Regel handelt es sich hierbei um Nachwuchsprodukte, die entweder mit intensiven Marketingmaßnahmen und entsprechender Ressourcenallokation gezielt gefördert, d.h. zu Stars entwickelt, oder vom Markt genommen und eingestellt werden müssen.

10.4 Break-Even-Analyse

Ein weiteres wichtiges Instrument des Marketingcontrolling ist die Break-Even-Analyse (Gewinnschwellenanalyse). Sie kann im Kulturmarketing z.b. bei Entscheidungen zur Festlegung und Erweiterung von Kapazitäten, Änderung von Preisen oder Erhöhung von Personalressourcen Verwendung finden. Dabei geht es unter anderem um die Beantwortung der Frage, ob die mit zusätzlichem Input (z.b. mehr Mitarbeiter im Servicebereich) verbundenen (zusätzlichen) Kosten durch die zu erwartende Nachfrage und die damit verbundenen Erlöse gedeckt werden können. Mit der Break-Even-Analyse lässt sich damit bestimmen, welche Steigerung des Output eine Erhöhung des Input mindestens bewirken muss, um ökonomisch vertretbar zu sein; durch ihren Einsatz werden also Erkenntnisse über das Verhältnis von Erlös, Preis, Kosten und Gewinn und damit die Profitabilität geplanter Maßnahmen gewonnen. Im Hinblick auf die Kosten geht es insbesondere darum, den Einfluss fixer und variabler Kostenbestandteile auf die Ergebnisgröße Gewinn transparent zu machen (vgl. ausführlich hierzu und zum Folgenden z.B. Becker 2009, S. 794ff.).

Im Rahmen der Break-Even-Analyse wird von linearen Gesamtkosten- und Umsatzerlöskurven ausgegangen. Den Ausgangspunkt bilden folgende Gleichungen:

(1) Gewinn (G) = Erlös (E) – Gesamtkosten (K_G)

(2) Gesamtkosten (K_G) = Fixkosten (K_{fix}) + variable Kosten (K_{var})

(3) Variable Kosten (K_{var}) = variable Stückkosten (k_{var}) · Ausbringungsmenge (x)

(4) Erlös (E) = Preis (p) · Absatzmenge (x)

(5) Fixkosten (K_{fix}) = Konstante (c)

Im Break-Even-Point ist das Ergebnis gleich Null, das heißt es wird weder ein Gewinn noch ein Verlust erzielt, die Gesamtkosten werden durch die erzielten Erlöse gedeckt. Zur Ermittlung der kritischen Ausbringungsmenge x_B (Mindestabsatzmenge) bei der die *Gewinnschwelle* erreicht wird, werden die Gleichungen (2) und (4) gleichgesetzt (und dann nach x_B aufgelöst):

(6) $K_{fix} + k_{var} \cdot x_B = p \cdot x_B$

(7) $x_B = K_{fix}/(p - k_{var})$

Um die Gewinnschwelle zu erreichen, müssen so viele Einheiten einer Leistung (Führung, Workshops, Bücher etc.) verkauft werden, dass die Summe der Deckungsbeiträge pro Stück (p - k_{var}), die sich aus (p - k_{var}) · x_B errechnet, die Fixkosten (K_{fix}) deckt. In Abbildung 25 stellt sich der Break-Even-Point als Schnittpunkt der Umsatzerlös- und der Gesamtkostenkurve dar. In der schraffierten Fläche entstehen demnach Verluste, oberhalb des Break-Even-Points Gewinne.

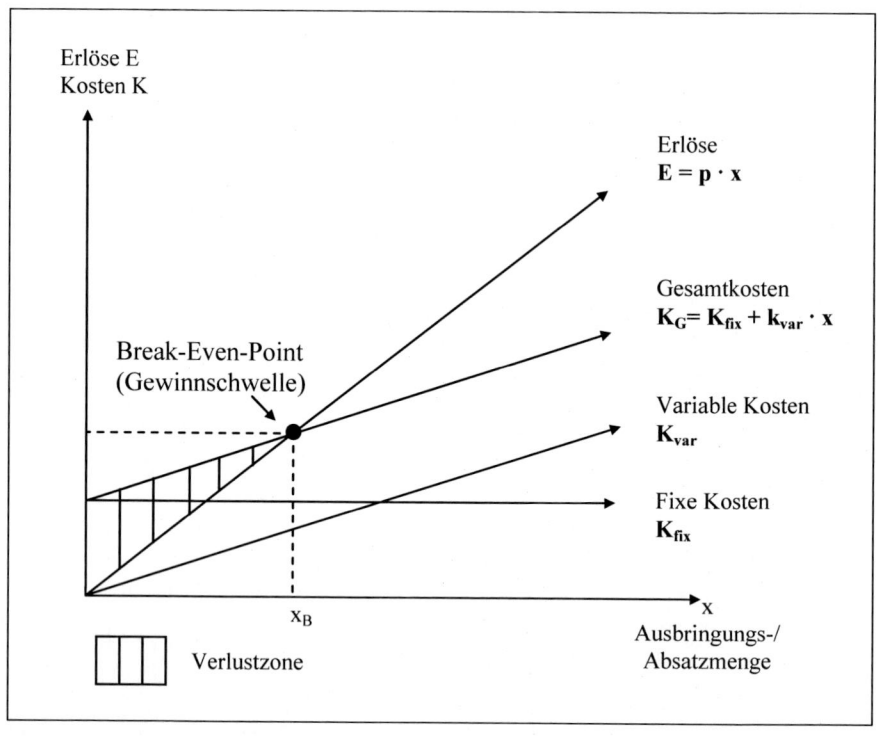

Abb. 25: Idealtypische Break-Even-Analyse

Der Vorteil dieses Verfahrens liegt in seiner Anwendungsmöglichkeit für unterschiedliche Fragestellungen. Wenn sich z.b. die variablen Kosten für pädagogische Workshops durch den geplanten Einsatz von besser qualifizierten, aber teureren (externen) Mitarbeitern erhöhen, so kann die Break-Even-Analyse die Konsequenzen für die Absatzmenge aufgrund der Verschiebung des Break-Even-Points nach rechts sichtbar werden lassen: Nur bei einer höheren Nachfrage nach Workshops (oder höheren Preisen) kann die Gewinnschwelle (auch künftig weiterhin) erreicht werden. Analoges gilt für eine Veränderung bei den Fixkosten (z.B. Infrastrukturkosten wie Gebäudekosten, Energiekosten etc.).

Auch hier führen eine Erhöhung oder Senkung der Kosten zu einer entsprechenden Verschiebung der Gewinnschwelle nach rechts oder links. Des Weiteren kann die Analyse z.b. im Fall von Preiserhöhungen für bestimmte Leistungen im Servicebereich aufzeigen, welche Rückgänge bei der Absatzmenge noch zu verkraften wären, wenn der Kulturanbieter weiterhin Gewinn erzielen bzw. zumindest nicht unter die Gewinnschwelle rutschen will.

Trotz ihrer grundsätzlichen Eignung als Instrument des Marketingcontrolling und ihres weitverbreiteten Einsatzes verfügt die Break-Even-Analyse auch über Schwachstellen, vor allem was die Linearität von Kosten und Erlösen sowie die genaue Kostenzurechnung betrifft (für eine ausführlichere Diskussion hierzu siehe u.a. Becker 2009; Thommen/Achleitner 2009).

10.5 Kennzahlen und Kennzahlensysteme

Kennzahlen sind Größen, die über wichtige, zahlenmäßig erfassbare (oder erfassbar gemachte) Tatbestände im Kulturbetrieb informieren. Es ist ihre Aufgabe, Datenmengen zu komprimieren, die im Rahmen des Rechnungswesens oder der Marktforschung anfallen. Kennzahlen übernehmen im Rahmen des Marketingcontrolling sowohl eine Informations- als auch eine Überwachungs- und Steuerungsfunktion (vgl. Reichmann 2006, S. 19). Neben *absoluten* Kennzahlen, die zeitpunktbezogene (z.B. Fundusbestand, Mitarbeiterzahl) oder zeitraumbezogene (z.B. Ø Umsatz in einer Spielzeit) Informationen liefern können, lassen sich *relative* Kennzahlen unterscheiden, die Teilgrößen in Beziehung zu einer Gesamtgröße darstellen (z.B. Anteil der Ballettsparte am Gesamtumsatz eines Theaters). Ein weiteres Differenzierungskriterium ist die Unterscheidung in *quantitative*, d.h. zahlenmäßig unmittelbar erfassbare Kennzahlen (z.B. Umsatz, Teilnahme-/Nutzungszahlen), und in *qualitative*, d.h. nicht unmittelbar operationalisierbare, in Maßeinheiten ausdrückbare Kennzahlen (z.B. Besucherzufriedenheit).

Ein typisches Instrument, das im Zusammenhang mit der Erhebung, Auswertung und dem Vergleich von Kennzahlen angewandt wird, ist das *Benchmarking*. Allgemein bezeichnet Benchmarking die systematische und kontinuierliche Messung ausgewählter Bereiche bzw. Objekte in Kulturbetrieben, anderen öffentlichen und/oder privatwirtschaftlichen Unternehmen sowie den Vergleich dieser Messergebnisse mit dem Ziel, in den beteiligten Organisationen Verbesserungsprozesse zu initiieren und nachhaltige Wettbewerbsvorteile zu erreichen (vgl. ausführlich hierzu Hausmann 2001). Mit der Durchführung eines Benchmarking wird die Zielsetzung verfolgt, durch die Orientierung an anderen, am Markt insgesamt oder in bestimmten Abläufen „besseren" Organisationen die eigene „performance" zu verbessern. Der Maßstab zur Beurteilung der eigenen Leistungsfähigkeit in Bezug auf die ausgewählten Objekte wird als Benchmark bezeichnet und stellt eine qualitative oder quantitative Kenngröße dar. Die Eignung des Benchmarking zur Unterstützung der strategischen Aufgaben des Marketingcontrolling hängt im Wesentlichen von einer systematischen und kontinuierlichen Anwendung dieses Instrumentes ab.

Werden mehrere Kennzahlen, die in einem Abhängigkeitsverhältnis zueinander stehen, zweckorientiert zusammengefasst, so entsteht ein Kennzahlensystem. Bekanntes Beispiel für ein solches System ist die *Balanced Scorecard* (vgl. Kaplan/Norton 1997), die neben quantitativen auch qualitative Größen enthält und den Kulturbetrieb ganzheitlich zu erfassen und abzubilden versucht (Abb. 26). Der Terminus „balanced" verweist auf die Bedeutung von Ausgewogenheit zwischen kurz- und langfristigen Zielen, monetären und nicht-monetären Indikatoren, externer und interner Perspektive. Die Balanced Scorecard übersetzt die Vision und die langfristige Strategie eines Kulturbetriebs in Kennzahlen, die sich den nachfolgend aufgeführten vier Bereichen zurechnen lassen (allgemein hierzu u.a. Homburg 2009, S. 1219):

Finanzen
Kennzahlen: Erlöse, Kostendeckungsgrad, Deckungsbeiträge bei Zusatzleistungen etc.

Besucher
Kennzahlen: Besucherstruktur, Besucherzufriedenheit, Besucherbindung, Marktanteile etc.

Vision und Strategie

Interne Prozesse
Kennzahlen: Reaktionszeit (z.B. auf Beschwerden), Qualitätsmanagement etc.

Lernen und Entwicklung
Kennzahlen: Mitarbeiterzufriedenheit, Aufbau eines Wissensmanagementsystems, Ausstattung mit IT etc.

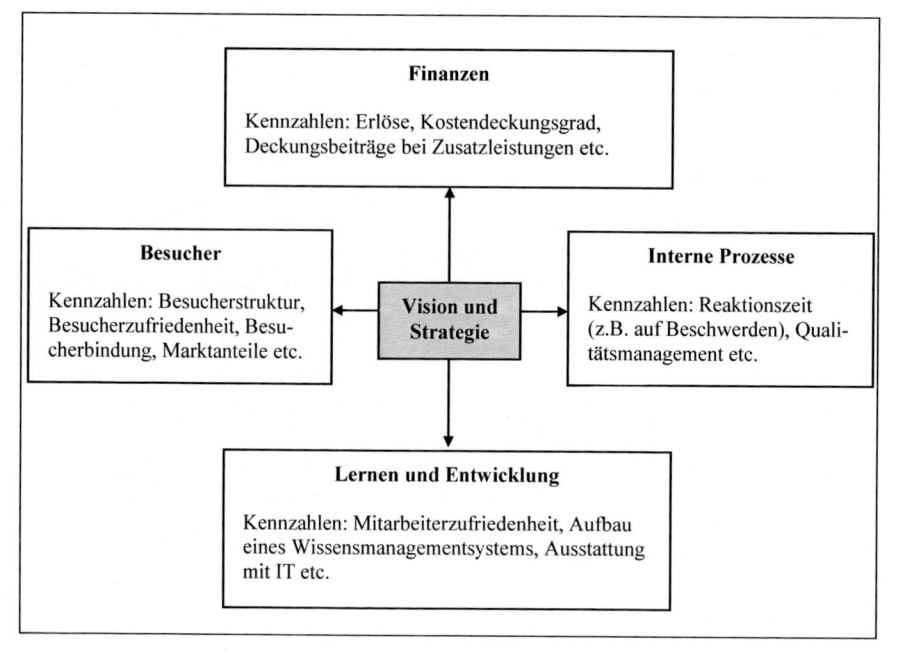

Abb. 26: Dimensionen der Balanced Scorecard im Kulturbereich

- *Besucher*: Welchen Anforderungen der Besucher (Kunden, Nutzer etc.) muss ein Kulturbetrieb gerecht werden, um seine strategischen Ziele zu erreichen?
- *Interne Prozesse*: Inwieweit sind die internen Prozesse (Dienstleistungserstellungsprozesse, Kommunikationsprozesse etc.) so leistungsfähig, dass die Ziele in den anderen Bereichen erfüllt werden können?
- *Lernen und Entwicklung*: Inwieweit sind die internen Voraussetzungen (Know-how und Motivation von Mitarbeitern, Ausstattung mit IT etc.) so gegeben, dass der Kulturbetrieb sich kontinuierlich verbessern und seine langfristige Existenz sichern kann?
- *Finanzen*: Inwieweit wirkt sich die Strategieumsetzung auch finanziell aus (entweder im Hinblick auf die Erhöhung von Erlösen oder – und dies ist v.a. im öffentlichen Bereich von Relevanz – bezüglich der Senkung von Kosten)?

Abschließend soll an dieser Stelle darauf hingewiesen werden, dass mit der Aufbereitung und Verwendung von Kennzahlen sowie dem Controlling in seiner Gesamtheit auch der *Legitimationsproblematik* im Kulturbereich besser begegnet werden kann. Denn Controlling kann objektive bzw. objektivierte Daten zur Legitimierung künstlerisch-inhaltlicher Arbeit liefern, der sich die Träger eines (öffentlichen) Kulturbetriebs nicht entziehen können. Das Berichtswesen kann damit auch zur Vermarktung gegenüber dem Stakeholder „Träger" (vgl. Kapitel 1, Abb. 1.1) eingesetzt werden und die Position eines Kulturbetriebs in der in vielen Kommunen geführten Kosten- und Finanzierungsdiskussion stärken (vgl. hierzu ausführlich Günter 2011, S. 37ff.).

10.6 Werbewirkungs- und Sponsoringerfolgskontrolle

Bislang sind Instrumente des Marketingcontrolling vorgestellt worden, die vor allem im Kontext von Leistungs- und Preispolitik eingesetzt werden. Eine weitere wichtige Aufgabe des Marketingcontrolling ist die Messung und Überprüfung des Erfolgs von Kommunikationsmaßnahmen (Kapitel 6.4). Diesbezüglich ist allerdings darauf hinzuweisen, dass es trotz grundsätzlich zur Verfügung stehender Instrumente äußerst schwierig bleibt, die tatsächlichen Gründe für bestimmte Verhaltenswirkungen (z.B. *a*ttention, *i*nterest, *d*esire, *a*ction) beim Besucher zu erfassen. Denn Verhaltenswirkungen können nicht nur aufgrund von Kommunikationsmaßnahmen, sondern auch durch andere Marketinginstrumente des Kulturanbieters (Erhöhung oder Senkung von Preisen, Einführung weiterer Produkte etc.), Aktionen von Wettbewerbern (z.B. Schließung oder

Erweiterung eines Konkurrenzangebotes) oder sonstige externe Einflüsse (Wetterbedingungen, Freizeittrends, wirtschaftspolitische Situation) bedingt worden sein. Diese Interdependenzen berücksichtigend ist es gleichwohl sinnvoll, durch entsprechende Erhebungsmethoden mehr über die Rezeption und Wirkung von Kommunikationsmaßnahmen zu erfahren. Dies ist z.b. möglich durch (allgemein hierzu Meffert et al. 2012, S. 856ff.)

- die Erfassung von Veränderungen bei den Besuchszahlen, der Besucherstruktur oder den Bestellungen bzw. dem Verkauf (z.B. von Abonnements) in einem bestimmten Werbezeitraum. Dies kann über die Bildung von Kennzahlen erfolgen, wie z.b. „Kauferfolg = Zahl der bestellten oder verkauften Abonnements/Zahl der Werbeadressaten x 100"
- den Einsatz *apparativer Verfahren*, die z.b. zur Aufzeichnung von Blickverläufen (z.b. beim Ansehen von Werbung oder eines Direct-Mailing-Briefes) oder zur Messung von Hirnaktivitäten (z.b. beim Testen von No-Name- und Markenprodukten) eingesetzt werden.
- *Befragungen* von Probanden, die darum gebeten werden, sich gestützt (z.b. unter Vorlage verschiedener Markennamen oder Logos) bzw. ungestützt (d.h. ohne weitere Erinnerungshilfen) an eine Werbekampagne zu erinnern. Hier können gleichfalls Kennzahlen gebildet werden, wie z.b. „Erinnerungserfolg = Zahl der Werbeerinnerer/Zahl der Werbeberührten x 100".
- *Befragungen* der Besucher nach Image, Einstellung(-sveränderungen) und Bekanntheitsgrad – im Idealfall vor („Pre-Tests") und nach („Post-Tests") der Durchführung entsprechender Kommunikationsmaßnahmen.

Praxisbeispiel Wirkungskontrolle

Eine solche Wirkungskontrolle sollte möglichst differenziert vorgenommen werden, um zielgruppenorientierte Rückschlüsse zu ermöglichen. Mehr als die Hälfte der über 3.000 von der *Hamburger Kunsthalle* im Rahmen ihrer Caspar David Friedrich-Ausstellung befragten Besucher konnte sich an Werbung erinnern und bewertete diese überwiegend positiv. Dabei stellte sich das Ausstellungsplakat mit dem Motiv „Wanderer über dem Nebelmeer" als Hauptwerbeträger heraus: Von den Besuchern, die Werbung wahrnahmen, konnten sich 71 Prozent an das Plakat, 13 Prozent an die Anzeigen und 5 Prozent an die Flyer erinnern. Darüber hinaus wurde festgestellt, dass sich weibliche Besucher stärker an die Werbung erinnerten als männliche und jüngere Besucher besser als ältere. Mit zunehmender Entfernung des Wohnorts nahm die Wahrnehmung der

Werbung ab; ein Ergebnis, das den Zusammenhang zwischen Werbeintensität und Aufmerksamkeits-/Wahrnehmungswirkung verdeutlicht (Hamburger Kunsthalle 2007).

Im Kontext von Sponsoring (Kapitel 8.1) ist es sowohl aus Sicht der Kulturbetriebe als auch aus Perspektive der Sponsoren interessant, inwieweit die Besucher einer bestimmten kulturellen Veranstaltung die fördernden Unternehmen wahrgenommen haben. Wenngleich hier wieder die grundsätzlichen Probleme der fehlenden Isolierbarkeit und schwierigen Zurechenbarkeit von Maßnahmen bestehen, können mit folgenden Instrumenten weiterführende Informationen erhoben werden (vgl. Bruhn 2003, S. 200ff.):

- *Messung der Erinnerungswirkung*: Hier kommen in erster Linie so genannte *Recall-* und *Recognition-Tests* zum Einsatz, die, wie oben bereits erwähnt, ungestützt oder gestützt durchgeführt werden können. Die Probanden werden nach den – z.b. im Vorfeld eines Ausstellungsbesuch oder im Rahmen eines Festivalbesuchs – wahrgenommenen Kooperationspartnern eines Kulturbetriebs befragt. Werden ihnen hierbei keine Unternehmensnamen vorgegeben, handelt es sich um einen ungestützten Test zur Erfassung des „impact" von Sponsoringmaßnahmen.

- *Durchführung von Imageuntersuchungen*: Zur Ermittlung der grundsätzlichen Einstellung von Probanden zu einem Sponsor können *Rating-Skalen* eingesetzt werden (vgl. zu diesem Instrument u.a. Glogner-Pilz 2012, S. 52). Einen Schritt weiter geht das *Semantische Differential* (auch: Polaritätenprofil), das die Beurteilung von Sponsoren bezüglich mehrerer Imagemerkmale erlaubt. Dazu werden verschiedene gegensätzliche Eigenschaftspaare (konservativ – modern, witzig – ernst, dynamisch – statisch etc.) gebildet. Das Ergebnis ist eine Profildarstellung des Sponsors, die auch einen Vergleich mit dem Profil anderer Sponsoren erlaubt. Ferner besteht die Möglichkeit, das Image eines Sponsors bei Testpersonen abzufragen, die das Unternehmen im Rahmen ihres Kulturbesuchs wahrgenommen haben, sowie bei denjenigen, die den Sponsor und sein Engagement nicht (explizit) bemerkt haben. Ein Vergleich der Ergebnisse bei beiden Testgruppen kann Rückschlüsse zulassen hinsichtlich der Wirksamkeit von Sponsoringmaßnahmen.

- *Ermittlung von Kontaktzahlen*: Die bislang skizzierten Verfahren dienen der qualitativen Überprüfung des Kultursponsoring. Zur Durchführung einer quantitativen Kontrolle kann zum einen die *direkte Reichweite* erfasst werden. Diese ergibt sich z.b. aus den Besucherzahlen eines gesponserten Literaturfestivals (wenngleich damit natürlich nichts darüber ausgesagt wird, inwiefern der Sponsor tatsächlich wahrgenommen wurde). Zum anderen kann die Auflagenhöhe von Druckschriften, Katalogen, Programmheften etc., die mit dem Unternehmenslogo versehen sind, ermittelt werden. Die *indirekte Reichweite* ergibt sich im Kultursponsoring vor allem aus Ankündigungen in der Presse sowohl im Vorfeld, während als auch im Nachhinein einer Veranstaltung. Durch eine solche *Medienresonanzanalyse* und dem Sammeln von Zeitungsausschnitten („Clippings"), in denen über das Kulturengagement des Sponsors berichtet wird, können wertvolle Hinweise darüber gewonnen werden, welche Pressemitteilungen in welchen Medien zu welchem Zeitpunkt und mit welcher Aussage (z.B. das Kulturengagement des Sponsors begrüßend oder kritisch diskutierend) veröffentlicht worden sind.

11 Kulturmarketing – Herausforderungen der Zukunft

Die Beschäftigung mit künftigen Herausforderungen für das Kulturmarketing ist eine gleichermaßen spannende wie schwierige Aufgabe. Während sich die Spannung darin äußert, Neues aufzuspüren und den Gestaltungsspielraum für Kultureinrichtungen auszuloten, liegt die Schwierigkeit vor allem darin, in einer sich kontinuierlich und in immer kürzeren Zeiteinheiten wandelnden Welt einigermaßen verlässliche Prognosen aufzustellen und die Wirksamkeit von Strategien und Instrumenten zu erproben. Sicher ist eigentlich nur, dass sich die Kulturanbieter auf kontinuierlich wandelnde Markt- und Umweltbedingungen einstellen und entsprechende Antworten hierauf bereithalten müssen. Nachfolgend sollen die derzeit absehbaren, wichtigsten Entwicklungstendenzen skizziert werden. Dazu wird eine Einteilung in demographische, wirtschaftliche, technische und soziokulturelle Entwicklung vorgenommen (Abb. 27), wie sie aus der strategischen Analyse bekannt ist (u.a. Hausmann 2005, S. 37ff.; Klein 2011a, 181 ff.). Im Vergleich der zweiten mit der ersten Auflage dieses Buches wird dabei deutlich, dass die damals als Herausforderungen diskutierten Themen immer noch, wenn auch z.t. mit kleinen Akzentverschiebungen (siehe hierzu z.B. die Ausführungen bei den technischen Entwicklungen), als Aufgaben der (zumindest näheren) Zukunft eingeschätzt werden können.

(1) Demographische Entwicklungen

Aus Sicht des Kulturmarketing spielen hier vor allem die Bevölkerungszahl und Bevölkerungszusammensetzung, die Altersstruktur und Lebenserwartung sowie die räumliche Bevölkerungsverteilung bzw. -dichte eine Rolle, die zusammengefasst seit längerem unter dem Schlagwort „demographischer Wandel" diskutiert werden (vgl. ausführlich hierzu u.a. Hausmann/Körner 2009). Ein zentrales Charakteristikums dieses Wandels ist die Tatsache, dass die Bevölkerung immer *älter* wird, weshalb die Alterspyramide eine Zwiebel- oder Urnenform annimmt: Bei einer gleichbleibenden Geburtenrate und Lebenserwartung wird in 2050 voraussichtlich ein Drittel der Bevölkerung über 65 Jahre und weniger als ein Sechstel unter 20 Jahre alt sein (vgl. Statistisches Bundesamt 2006).

Gleichzeitig wird die Bevölkerung bei einer Fortsetzung der aktuellen demografischen Entwicklungen – und trotz Zuwanderung von Menschen aus anderen Ländern – immer *weniger*. Vor allem in dünn besiedelten und/oder von Abwanderung bzw. Binnenmigration betroffenen Regionen dreht sich deshalb die Kürzungsspirale für Kulturanbieter (v.a. aufgrund sinkender Steuereinnahmen) bedrohlich weiter (vgl. Hausmann 2009, S. 135).

demographische Entwicklungen
- „älter"
- „bunter"
- „weniger"
- ...

soziokulturelle Entwicklungen
- Individualisierung und Selbstentfaltung
- Pluralisierung von Lebensstilen
- hybride Nachfrager
- ...

Kulturanbieter

wirtschaftliche Entwicklungen
- Finanz- und Wirtschaftskrise
- Situation bei der öffentlichen Hand
- Situation bei privaten Förderern
- ...

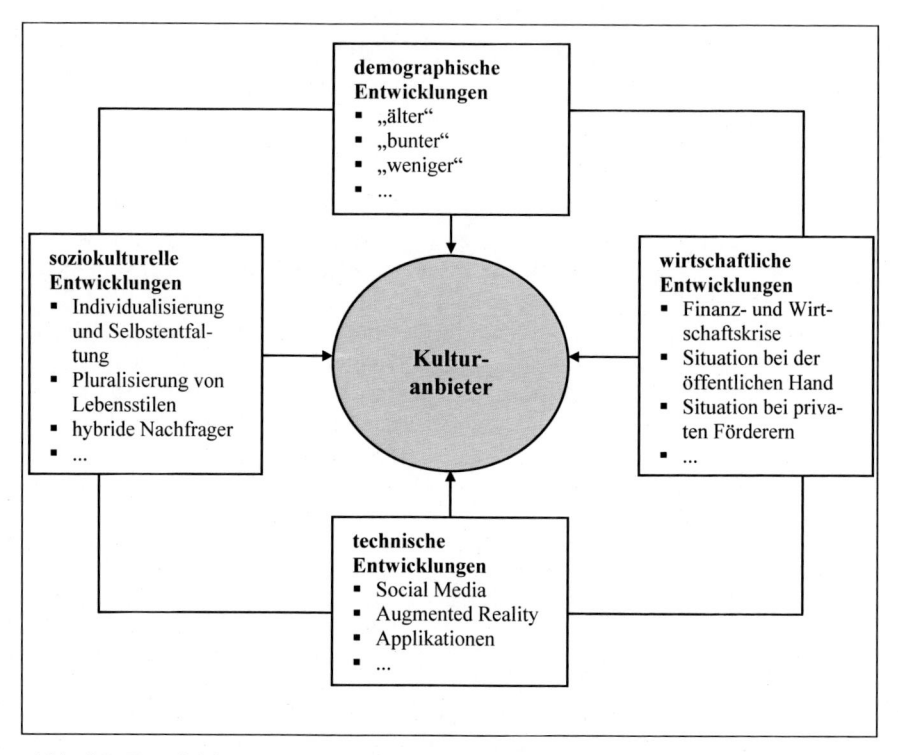

technische Entwicklungen
- Social Media
- Augmented Reality
- Applikationen
- ...

Abb. 27: Entwicklungen und Herausforderungen der Zukunft

Als ein weiteres zentrales Merkmal des demographischen Wandels gilt die Veränderung der Bevölkerungsstruktur, die aufgrund von Zuwanderung multiethnischer und heterogener (*bunter*) wird. Diese und weitere Entwicklungen wird das Kulturmarketing künftig noch stärker berücksichtigen müssen, zum Beispiel bei der Ausdifferenzierung (oder Reduzierung) von Kernleistungen, der Erweiterung (oder dem Abbau) von Serviceangeboten, der Auswahl von Kommunikationsmaßnahmen oder dem Eingehen neuer Partnerschaften. Insgesamt wird es in der Zukunft eine zentrale Herausforderung im Rahmen des Kulturmarketing sein, mit entsprechenden Maßnahmen sowohl die wachsende Zielgruppe der Älteren zu bedienen und auf deren spezifischen Merkmale (Zeitbudget, kulturelle Biographie, Kompetenzen etc.) einzugehen als auch die Zielgruppe der jugendlichen Minderheit. Denn sie sind die „Besucher von morgen" – und nur wer frühzeitig an Kunst und Kultur herangeführt wird, nutzt diese Angebote auch in späteren Jahren (zu möglichen Ansätzen vgl. Keuchel/Wiesand 2008; Keuchel/Weber-Witzel 2009).

(2) Ökonomische Entwicklungen

Durch die wirtschaftliche Situation in Deutschland und weltweit wird nicht nur das verfügbare Budget der privaten und öffentlichen Haushalte für Kultur- und Freizeitangebote determiniert, sondern ebenso die Bereitschaft von Unternehmen und Stiftungen zum Eingehen von Kooperationen bzw. zur Gewährung von finanzieller und sonstiger Unterstützung. Vor allem die Auswirkungen der durch amerikanische Immobilienspekulationen ausgelösten – und in einer nächsten Phase durch die massiven ökonomischen Probleme in EU-Ländern wie Griechenland weiter befeuerten – Finanz- und Wirtschaftskrise werden die Kulturanbieter in den nächsten Jahren vor erhebliche Herausforderungen stellen. Nicht zuletzt durch die krisenbedingt sinkenden Steuereinnahmen verschärft sich die Haushaltssituation in vielen Kommunen weiter. Aktuell haben z.B. in Nordrhein-Westfalen und Brandenburg verschiedene Städte einen *Nothaushalt*, d.h. die von den Städten oder Gemeinden jeweils vorgelegten Haushaltssicherungskonzepte sind von der nächsthöheren Körperschaftsebene (Landkreis, Bezirks- oder Landesregierung) nicht genehmigt worden. Es ist offenkundig, dass sich in solchen Zeiten Projekte in Kunst und Kultur – wie in einer Reihe anderer, so genannter „freiwilliger Leistungen" der staatlichen Daseinsvorsorge – oftmals nicht oder zumindest nicht ohne erhebliche Widerstände bestimmter Interessengruppen realisieren lassen.

Gleichzeitig haben durch die Krise(n) private Kulturförderer und Stiftungen zum Teil empfindliche Einbußen bei ihrem Vermögen hinnehmen müssen und auch die Unternehmen werden sämtliche Sponsoringengagements künftig noch sorgfältiger prüfen als bereits bisher. Das Kulturmarketing ist vor diesem Hintergrund in den nächsten Jahren besonders gefordert, die Vorziehenswürdigkeit und attraktive Positionierung eines Kulturanbieters sicherzustellen, damit die Finanzierung und Förderung auch in wirtschaftlich schwierigen Zeiten gewährleistet bleibt. Gleichzeitig müssen Marketingmaßnahmen ergriffen werden, um den Anteil an eigenerwirtschafteten Einnahmen zu erhöhen und die Abhängigkeit von Drittmittelgebern (zumindest in Ansätzen) zu reduzieren.

(3) Soziokulturelle Entwicklungen

Die Gesellschaft und ihr Wertesystem sind einer stetigen Veränderung unterworfen, deren Auswirkungen auch für die Kulturanbieter und das -marketing von Bedeutung ist. So hat sich das Wertesystem stark in Richtung Individualismus und Selbstverwirklichung bzw. -entfaltung verschoben. Dies drückt sich auch in Veränderungen bei den Haushalts- und Familienstrukturen aus; so wird ein Anstieg der Zahl der Haushalte bei einem gleichzeitigen Rückgang der Haushalts- und Familiengröße prognostiziert. In diesem Zusammenhang wird es v.a. für die Großstädte der Zukunft typisch sein, dass dort überproportional viele Singles leben (in Berlin beträgt der Anteil der Singles z.B. bereits über 50 Prozent) – wobei in diesen Einpersonenhaushalten nicht nur junge, sondern auch viele ältere Menschen wohnen. Diese Erkenntnisse kann und muss das Kulturmarketing sowohl bei der Entwicklung von Kernleistungen als auch bei der Identifikation von Nutzendimensionen und der Ausgestaltung von Zusatzangeboten einfließen lassen. Darüber hinaus findet eine Pluralisierung von sozialen Milieus und Lebensstilen statt. Zukünftige Generationen werden in ihren kulturellen Interessen breit gestreut und daher weniger an eine bestimmte Form oder Sparte gebunden sein, sondern sich für ganz unterschiedliche Kulturangebote aus Hoch-, Sozio-, Populär- oder sonstiger Kultur („hybrider Nachfrager") begeistern. Hieraus ergeben sich zum Beispiel Ansatzpunkte für zukünftige Maßnahmen der Besucherbindung und der Leistungsbündelung.

(4) Technische Entwicklungen

Es ist bereits im Zusammenhang mit den Möglichkeiten des Internet – und hier insbesondere von Social Media – für die Kommunikationspolitik und andere Instrumente des Marketingmix aufgezeigt worden, wie vielfältig die Potenziale neuer Technologien auch für den Kulturbereich sind. Dabei wurde deutlich, dass sich die Technik in hohem Tempo weiterentwickelt und in ihren Anwendungsfeldern exponentiell zu erweitern scheint. Social Media-Anwendungen, die noch vor kurzem einen hohen Anteil an User verzeichneten (z.B. MySpace, StudiVZ), spielen mittlerweile eine nachgeordnete Rolle. Derzeit ist Facebook die unangefochtene Nummer 1 auf dem Markt für soziale Netzwerke – aber neue Anbieter stehen bereits in den „Startblöcken" und versuchen beharrlich, den Marktführer anzugreifen und ihm Marktanteile abzunehmen. Darüber hinaus findet eine ständige Erweiterung der Nutzungsmöglichkeiten statt: So wird beispielsweise das Konzept der *Augmented Reality* von zunehmend mehr Kultureinrichtungen eingesetzt, um Besuchern zu einem in der „realen" Welt betrachteten Objekt (z.B. im Rahmen von Ausstellungen), technikgestützt (z.B. über QR-Codes und Smartphones) und in Echtzeit zusätzliche Informationen zu liefern (z.B. ergänzendes Bildmaterial, virtuelle 3D-Modelle). Auch das so genannte *Geocaching*, das eine moderne Version der Schatzsuche bzw. Schnitzeljagd darstellt und dessen Einsatz ebenfalls Smartphones und andere GPS-Empfänger erfordert, wird von einer wachsenden Zahl an Kulturanbietern eingesetzt (insbesondere im Kontext von Kulturtourismus).

Hier wird es künftig einerseits eine zentrale Aufgabe des Kulturmarketing sein, die Übersicht zu bewahren und im Zuge von Kosten-Nutzen-Analysen genau zu beobachten, welche Investition von (finanziellen, personellen etc.) Ressourcen in technische Neuerungen welche positiven Auswirkungen (auf die eigenen Ziele, die anvisierten Zielgruppen etc.) hat; Kulturanbieter sollten hier keineswegs jede technische „Modeerscheinung" mitmachen. Andererseits müssen Kultureinrichtungen am Puls der Zeit bleiben und neue Entwicklungen mit Interesse verfolgen. Ansonsten besteht die Gefahr, später abgehängt zu werden bei Trends, die sich etablieren und im Wettbewerb um die Aufmerksamkeit, freie Zeit und das Budget potenzieller Nutzer – d.h. für die Erzielung von Wettbewerbsvorteilen – eine zentrale Rolle einnehmen.

Literaturverzeichnis

Alby, Tom (2008): Web 2.0. Konzepte, Anwendungen, Technologien, München: Carl Hanser Verlag
Amber Hotels (2012): Kurzurlaub. Gesichter der Renaissance, verfügbar unter: http://www.amber-hotels.de/hotel-berlin/kurzurlaub-169 (Stand Juni 2012)
Ansoff, H. Igor (1966): Management-Strategie, München: moderne instustrie
Balderjahn, Ingo (2003): Erfassung der Preisbereitschaft, in: Diller, Hermann/Herrmann, Andreas (Hrsg.): Handbuch Preispolitik, Wiesbaden: Gabler, S. 389-404
Bauer, Hans H., Große-Leege, D. und Rösger, J. (Hrsg.) (2008): Interactive Marketing im Web 2.0+: Konzepte und Anwendungen für ein erfolgreiches Marketingmanagement im Internet, 2. Aufl., München: Vahlen
Bayerische Staatsoper (2012): Zwei Jahre Blog! Verfügbar unter: http://blog.staatsoper.de/blog/zwei-jahre-blog (Stand Juni 2012)
Becker, Jochen (2009): Marketing-Konzeption, 9. Aufl. München: Vahlen
Berliner Philharmoniker (2012a): Die Berliner Philharmoniker im Kino, verfügbar unter: http://www.berliner-philharmoniker.de/news-medien/livekino/ (Stand Mai 2012)
Berliner Philharmoniker (2012b): Die Berliner Philharmoniker live im Internet, verfügbar unter: http://www.digitalconcerthall.com/de/info (Stand Mai 2012).
Berliner Philharmoniker (2012c): Lunchkonzerte, verfügbar unter: http://www.berliner-philharmoniker.de/konzerte/lunchkonzerte/ (Stand Mai 2012).
Bernnan, Valerie (2010): Navigating Social Media in the Business World, in: Licensing Journal, Vol. 1, S. 8-12
Bowen, David E./Lawler, Edward E. III (1995): Empowering Service Employees, in: Sloan Management Review, Jg. 36, Nr. 4, S. 73-8
Boerner, Sabine (2002): Führungsverhalten und Führungserfolg, Wiesbaden: Gabler
Böhmer, Otmar (2008): „Aus 1 mach 2 mach 3" - Einführung eines Branding am Beispiel von K20K21 Kunstsammlung Nordrhein-Westfalen, in: John, Hartmut/Günter, Bernd (Hrsg.): Das Museum als Marke – Branding als strategisches Managementinstrument für Museen, Bielefeld: Transcript, S. 183-188
Brymer, Robert A. (1991): Employee Empowerment: A Guest-Driven Leadership Strategy, in: The Cornell & Restaurant Administration Quarterly, Jg. 32, Nr. 1, S. 58-68
Bruhn, Manfred (2010): Sponsoring. Systematische Planung und integrativer Einsatz, 5. Aufl., Wiesbaden: Gabler
Bruhn, Manfred (2012a): Kundenorientierung, 4. Aufl., München: DTV Beck
Bruhn, Manfred (2012b): Marketing, 11. Aufl., Wiesbaden: Gabler

Bruhn, Manfred/Meffert, Heribert (2001): Handbuch Dienstleistungsmanagement, 2. Aufl., Wiesbaden: Gabler

Bruhn, Manfred (1999): Internes Marketing, 2. Aufl. Wiesbaden: Gabler

Brunotte, Joern (2011): Interview mit Dr. Stephan Adam: Social-Media-Strategie der Staatlichen Kunstsammlungen Dresden, verfügbar unter: http://blog.culture-to-go.com/2011/01/19/interview-mit-stephan-adam-social-media-strategie-der-staatlichen-kunstsammlungen-dresden/ (Stand Juni 2012)

Butzer-Strothmann, Kristin/Günter, Bernd/Degen, Horst (2001): Leitfaden für Besucherbefragungen durch Theater und Orchester, Baden-Baden: Nomos

Chlebowski, Katharina von (2008): Branchenkultur der Kunstmuseen in Deutschland, Berlin: G+H

Colbert, Francois (2007): Marketing Culture and the Arts, 3rd ed., Montréal

Contag-Lada, Philipp (2008): Mit einer Comic-Vorschau für das Handy will das STaaatstheater Darmstadt ein neues Publikum gewinnen, verfügbar unter: http://www.openpr.de/news/206417/Handy-Comics-fuer-Theaterklassiker.html (Stand Juni 2012)

Crossart (2012): Crossart – Route moderner Kunst, verfügbar unter: http://www.crossart-route-moderne-kunst.de/home.html (Stand Juni 2012)

Diller, Hermann (2008): Preispolitik, 4. Aufl., Stuttgart: W. Kohlhammer

Dillmann, Martina (2007): Städtetourismus: Kultur erleben. Besucherorientierung im Jüdischen Museum Berlin, in: Grünewald Steiger, Andreas/Brunotte, Jörn (Hrsg.): Forum Kultur: Kulturtourismus. Qualitäten des kultivierten Reisens, Norderstedt: Books on Demand, S. 61-73

Deutscher Bühnenverein 2011: Theaterstatistik 2009/2010, verfügbar unter: http://www.buehnenverein.de/de/publikationen-und-statistiken/statistiken/theaterstatistik.html (Stand Mai 2012)

Dingenotto, Christian (2007): Cultural Business – Kultur mit Gewinn, Norderstedt: Books on Demand

Documenta (2012): documenta 13: Smartphone-App soll Besucher leiten, verfügbar unter: http://www.mydocumenta.de/documenta-13/service/soll-orientierungwaehrend-documenta-bieten-1528510.html (Stand Mai 2012).

Dubach, Elisa B./Frey, Hansrudolf (1997): Sponsoring. Der Leitfaden für die Praxis, Bern: Haupt

Duda, Alexandra/Hausmann, Andrea (2004): Professionelles Management als Erfolgsfaktor im Kultursponsoring, in: Stiftung und Sponsoring, Heft 5, S. 34-37.

Ebersbach, Anja/ Glaser, Markus/ Heigl, Richard (2010): Social Web, 2. Auflage, Stuttgart: UTB

Eggert, Andreas (1999): Kundenbindung aus Kundensicht. Konzeptualisierung, Operationalisierung, Verhaltenswirksamkeit, Wiesbaden: Gabler

Engelhardt, Werner H./Kleinaltenkamp, Michael/Reckenfelderbäumer, Martin (1993): Leistungsbündel als Absatzobjekte: Ein Ansatz zur Überwindung der Dichotomie von Sach- und Dienstleistungen, in: Schmalenbachs Zeitschrift für betriebswirtschaftliche Forschung, Jg. 45, Nr. 5, S. 395-426

Literaturverzeichnis

Esch, Franz-Rudolf (Hrsg.) (2005): Moderne Markenführung, 4. Aufl., Wiesbaden: Gabler

Esch, Franz-Rudolf/Herrmann, Andreas/Sattler, Henrik (2011): Marketing. Eine managementorientierte Einführung, 3. Aufl. München: Vahlen

Esch, Franz-Rudolf (2011): Strategie und Technik der Markenführung, 6. Aufl., München: Vahlen

Evans, Dave (2008): Social Media Marketing, Indianapolis

Facebook (2012): Key Facts, verfügbar unter: http://newsroom.fb.com/content/default.aspx?NewsAreaId=22 (Stand Mai 2012)

Föhl, Patrick S./Huber, Andreas (2004): Fusionen von Kultureinrichtungen: Ursachen, Abläufe, Potenziale, Risiken, Alternativen, Essen: Klartext

Frei, Marco (2009): Online und live. Der neue digitale Konzertsaal der Berliner Philharmoniker, in: Das Orchester, Heft 4, S. 38

Frei, Marco/Scherz-Schade, Sven (2009): Das Profil im Programm, in: Das Orchester, Heft 12, S. 21-22

Freter, Hermann (2008): Markt- und Kundensegmentierung, 2. Aufl., Stuttgart: Kohlhammer

Frey, Bruno S./Pommerehne, Werner W. (1989): Muses and Markets: Explorations in the Economics of the Arts, Oxford: Blackwell

Gerlach-March, Rita (2010): Kulturfinanzierung, Reihe Kunst- und Kulturmanagement, Wiesbaden

Giller, Jan (1995): Marketing für Sinfonieorchester, Aachen: Shaker

Ginsburgh, V.A./Throsby, D. (2006): Handbook of the Economics of Art and Culture, Band 1, Amsterdam: Elsevier

Glogner-Pilz, Patrick (2012): Publikumsforschung. Grundlagen und Methoden, Reihe Kunst- und Kulturmanagement, Wiesbaden: VS Verlag

Glogner, Patrick (2008): Empirische Methoden der Besucherforschung, in: Klein, Armin (Hrsg.): Kompendium Kulturmanagement. Handbuch für Studium und Praxis, München: Vahlen, S. 591-614

Grönroos, Christian (1990): Service Management and Marketing: Managing the Moments of Truth in Service Competition, Massachusetts/Toronto: Lexington Books

Günter, Bernd (2012): Beschwerdemanagement als Schlüssel zu mehr Kundenzufriedenheit, in: Homburg, Christian (Hrsg.): Kundenzufriedenheit. Konzepte – Methoden – Erfahrungen, 8. Aufl., Wiesbaden: Gabler, S. 336-356

Günter, Bernd (2011): Marketing-Controlling in Kulturbetrieben – Defizite und Anforderungen, in: Kajüter, Peter/Mindermann, Torsten/Winkler, Carsten (Hrsg.): Controlling und Rechnungslegung, Stuttgart: Poeschel, S. 37-48

Günter, Bernd (2007): Verlässlichkeit als Wettbewerbsvorteil im Business-to-Business-Marketing, in: Büschken, Joachim/Voeth, Markus/Weiber, Rolf (Hrsg.): Innovationen für das Industriegütermarketing, Stuttgart: Schäffer-Poeschel, S. 185-199

Günter, Bernd (2006): Besucherforschung im Kulturbereich. Kritische Anmerkungen und Anregungen, in: Kulturpolitische Gesellschaft (Hrsg.): publikum.macht.kultur. Dokumentation des Dritten Kulturpolitischen Kongresses Berlin 2005, Bonn: Klartext, S. 174-180.

Günter, Bernd/Hausmann, Andrea (2005): Marketing-Konzeptionen für Museen, Lehrtext, FernUniversität Hagen - Gesamthochschule in Hagen

Günter, Bernd/John, Hartmut (2000): Besucher zu Stammgästen machen! Neue und kreative Wege zur Besucherbindung, Bielefeld: Transcript

Günter, Bernd (1998): Besucherorientierung – eine Herausforderung für Museen und Ausstellungen, in: Scheer, Marita Anna (Hrsg.): (Umwelt)-Ausstellungen und ihre Wirkung, Schriftenreihe des Staatlichen Museums für Naturkunde- u. Vorgeschichte, Heft 7, Oldenburg: Isensee, S. 51-55

Günter, Bernd (1997a): Museum und Publikum: Wieviel und welche Form der Besucherorientierung benötigen Museen heute?, in: Landschaftsverband Rheinland, Rheinisches Archiv- und Museumsamt (Hrsg.): Das besucherorientierte Museum, S. 11-18

Günter, Bernd (1997b): Wettbewerbsvorteile, mehrstufige Kundenanalyse und Kunden-Feedback im Business-to-Business-Marketing, in: Backhaus, Klaus/Günter, Bernd/Kleinaltenkamp, Michael (Hrsg.): Marktleistung und Wettbewerb, Festschrift für Werner H. Engelhardt zum 65. Geburtstag, Wiesbaden: Gabler, S. 213-232

Haibach, Martina (2006): Handbuch Fundraising. Spenden, Sponsoring, Stiftungen in der Praxis, 2. Aufl. Frankfurt/Main: Campus

Hamburger Kunsthalle (2008): Kultur als Wirtschafts- und Imagefaktor: Die Caspar-David-Friedrich-Ausstellung in Hamburg, Hamburg.

Hass, B., Walsh, G. und Kilian, T. (2008): Web 2.0 – Neue Perspektiven für Marketing und Medien. Berlin/Heidelberg: Springer.

Hausmann, A. (2012a): The Importance of Word of Mouth for Museums: a Framework of Analysis, in: International Journal of Arts Management, Jg. 14, Nr. 3, S. 32-43.

Hausmann, A. (2012b): Virale Empfehlungen und Social Media im Theaterbereich, in: Betriebswirtschaftliche Forschung und Praxis, Jg. 64, Heft 1, S. 18-33.

Hausmann, Andrea (2012c): Mitarbeiter als (wichtigste) Ressource: Rahmenbedingungen, Aufgabenfelder und Besonderheiten des Personalmanagement in Kulturbetrieben, in: Hausmann, Andrea/Murzik, Laura (Hrsg.): Erfolgsfaktor Mitarbeiter?! Wirksames Personalmanagement für Kulturbetriebe, Wiesbaden: VS Verlag, S. 1-20.

Hausmann, Andrea/Pöllmann, Lorenz (2012d): Auswirkungen und Potenzial von Social Media im Kulturmanagement, in: Drews, Albert (Hrsg.): Die Zukunft der kulturellen Infrastruktur, 56. Loccumer Kulturpolitisches Symposium, Rehburg-Loccum: Evangelische Akademie Loccum, S. 105-113

Hausmann, Andrea/Pöllmann, Lorenz (2012e): Using Social Media for Arts Marketing: Theoretical Analysis and Empirical Insights for Performing Arts Organizations, Europa-Universität Viadrina Frankfurt (Oder), Professur für Kulturmanagement, unveröffentlichtes Arbeitspapier

Hausmann, A. (2012f): Creating "Buzz": Opportunities and Limitations of Social Media for Arts Institutions and their Viral Marketing, in: International Journal of Nonprofit and Voluntary Sector Marketing, veröffentlicht unter: Wiley Online Library (wileyonlinelibrary.com) DOI: 10.1002/nvsm.1420

Hausmann, Andrea (2011): Kunst- und Kulturmanagement – Kompaktwissen für Studium und Praxis. Reihe Kunst- und Kulturmanagement, Wiesbaden: VS Verlag.

Literaturverzeichnis

Hausmann, Andrea (2009): Implikationen des demografischen Wandels für das Marketing von Kultureinrichtungen, in: Hausmann, Andrea/Körner, Jana (2009): Demografischer Wandel und Kultur. Veränderungen im Kulturangebot und der Kulturnachfrage, Wiesbaden: VS Verlag, S. 132-148

Hausmann, Andrea/Pöllmann, Lorenz (2010): Crowdfunding im Web 2.0. Neue Chancen für Fundraising und Kommunikation am Beispiel der Kultur, in: Stiftung und Sponsoring, Ausgabe 2/10, S. 28-29

Hausmann, Andrea/Körner, Jana (2009): Demografischer Wandel und Kultur. Veränderungen im Kulturangebot und der Kulturnachfrage, Wiesbaden: VS Verlag

Hausmann, Andrea (2008): Das Marktsegment Kulturtourismus – Handlungsstrategien für Museen, in: Loock, Friedrich/Scheytt, Oliver (Hrsg.): Kulturmanagement und Kulturbetriebe, Berlin: Raabe Verlag, H 2.5, S. 1-18

Hausmann, Andrea (2007a): Cultural Tourism: Marketing Challenges and Opportunities for German Cultural Heritage, in: International Journal of Heritage Studies, Vol. 13, No. 2, S. 171–185

Hausmann, Andrea (2007b): Erfolgreiches Innovationsmanagement in Kulturbetrieben, in: Loock, Friedrich/Scheytt, Oliver (Hrsg.): Kulturmanagement und Kulturbetriebe, Berlin: Raabe, D 1.4, S. 1-11

Hausmann, Andrea (2007c): Visitor Orientation and its Impact on the Financial Situation of Cultural Institutions in Germany, in: International Journal of Nonprofit and Voluntary Sector Marketing, Vol. 12, No. 3, S. 205-215.

Hausmann, Andrea (2006a): Die Kunst des Branding: Kulturbetriebe im 21. Jahrhundert erfolgreich positionieren, Höhne, S. (Hrsg): Kulturbranding?!, Leipzig, S. 47-58

Hausmann, Andrea (2006b): Preispolitische Optionen zur Erlösoptimierung von Museumsbetrieben, in: Zeitschrift für öffentliche und gemeinwirtschaftliche Unternehmen, Band 29, Heft 3, S. 241-258

Hausmann, Andrea (2005): Theater-Marketing, Stuttgart: Lucius & Lucius

Hausmann, Andrea (2001): Besucherorientierung von Museen unter Einsatz des Benchmarking, Bielefeld: Transcript

Hauschildt, Jürgen/Chakrabarti, Alok K. (1988): Arbeitsteilung im Innovationsmanagement – Forschungsergebnisse, Kriterien und Modelle, in: Zeitschrift Führung und Organisation, 57. Jg., S. 378-388.

Heinrichs, Werner (1998): Nichts wird mehr so sein wie gestern! Die neuen Mühen und Chancen der Kulturfinanzierung in: Bendixen, Peter (Hrsg.): Handbuch Kultur-Management, Berlin: Raabe, D 2.1, S. 1-22

Heinrichs, Werner (1997): Kulturpolitik und Kulturfinanzierung, München: Beck

Heinze, Thomas (2005): Kultursponsoring, Museumsmarketing, Kulturtourismus, 2. Aufl. Wiesbaden: Westdeutscher Verlag

Helm, Sabrina (2011): Corporate Reputation: An Introduction to a Complex Construct, in: Helm, Sabrina/Liehr-Gobbers, Kerstin/Storck, Christopher (Hrsg.): Reputation Management, Wiesbaden: Springer, S. 3-17

Helm, Sabrina (2000): Kundenempfehlungen als Marketinginstrument. Wiesbaden: Deutscher Universitätsverlag

Helm, Sabrina/Klar, Susanne (1997): Besucherforschung und Museumspraxis, Schriften des Rheinischen Freilichtmuseums, Kommern Nr. 57, München

Henner-Fehr, Christian (2011): Die Duisburger Philharmoniker stellen ihren Blog ein, verfügbar unter: http://kulturmanagement.wordpress.com/2011/09/05/die-duisburger-philharmoniker-stellen-ihr-blog-ein/ (Stand Juni 2012)

Hettler, Uwe (2010): Social Media Marketing, Oldenburg: München

Hippner, Hajo (2006): Bedeutung, Anwendung und Einsatzpotenziale von Social Software, in: Hildebrand, Knut/Hoffmann, Josefine (Hrsg): Social Software, Heidelberg

Hilgers-Sekowsky, Julia (2006): Besucherorientierung durch Marketing-Kooperationen von Museen, in: Hausmann, Andrea/Helm, Sabrina (Hrsg.): Kundenorientierung im Kulturbetrieb. Grundlagen – Innovative Konzepte – Praktische Umsetzung, Wiesbaden: VS Verlag, S. 185-201

Höhne, Steffen/Ziegler, Ralph P. (Hrsg.) (2006): Kulturbranding. Konzepte und Perspektiven der Markenbildung im Kulturbereich, Leipzig: Leipziger Universitätsverlag

Homburg, Christian/Fassnacht, Martin (2001): Kundennähe, Kundenzufriedenheit und Kundenbindung bei Dienstleistungsunternehmen, in: Meffert, Heribert/Bruhn, Manfred (Hrsg.): Handbuch Dienstleistungsmanagement, 2. Auflage, Wiesbaden: Gabler, S. 441-464

Homburg, Christian (2009): Marketingmanagement, 3. Aufl., Wiesbaden: Gabler

Hórvath, Péter (2011): Controlling, 12. Aufl., München: Vahlen

Hütter, Hans W./Schulenburg, Sophie (2004): Museumsshops – ein Marketinginstrument für Museen, in: Günter, Bernd/Graf, Bernhard (Hrsg.): Mitteilungen und Berichte des Instituts für Museumskunde, Band Nr. 28, 2004, Berlin

ICOM International Council of Museums (2006): ICOM Code of Ethics for Museums (abrufbar im Internet)

ICOM-Deutschland / ICOM-Österreich / ICOM-Schweiz (Hrsg.) (2003): ICOM – Ethische Richtlinien für Museen (Code of Ethics for Museums), Berlin et al.

Institut für Museumskunde (1996), Eintrittspreise von Museen und Ausgabeveralten der Museumsbesucher, Heft 46, Berlin.

Irle, Gabriele (2002): Kunstsponsoring im Steuerrecht. Behandlung des fördernden Unternehmens und des Förderungsempfängers auf der Basis der ertrag- und umsatzsteuerlichen Sphärenabgrenzung, Berlin: Schmidt

Janner, Katrin/Holst, Christian/Kopp, Axel (Hrsg.) (2011): Social Media im Kulturmanagement. Heidelberg: mitp

John, Hartmut (Hrsg.) (2000): Shops und kommerzielle Warenangebote, Bielefeld: Transcript

Kahn Howard/Garden, Sally (1994): Job attitudes and occupational stress in the United Kingdom museum sector: a pilot study, in: Moore, Kevin (Hrsg.): Museum Management, London: Routledge, S. 193-211

Kaiser, Marcus/Hopf, Gregor (2011): Bewertungsportale für den Kultursektor - Chancen und Risiken im pro-aktiven Umgang mit Online-Reputationsnetzwerken, in: Janner, Katrin/Holst, Christian/Kopp, Axel (Hrsg.) (2011): Social Media im Kulturmanagement. Heidelberg: mitp, S. 77-101.

Literaturverzeichnis

Kaplan, Andreas M./Haenlein, Michael (2010): Users of the world, unite! The challenges and opportunities of social media, Business Horizons, Vol. 53, Issue 1, S. 59-68

Kaplan Robert S./Norton, David P. (1997): Balanced Scorecard. Strategien erfolgreich umsetzen, Stuttgart: Schäffer-Poeschel

Kaufmann, Bert A. (2008): Entwicklung und Umsetzung einer Markenstrategie für das museum kunst palast, in: John, Harmut/Günter, Bernd (Hrsg.): Das Museum als Marke – Branding als strategisches Managementinstrument für Museen, Bielefeld: Transcript, S. 151-170

Keuchel, Susanne/Weber-Witzel, Markus (2009): Culture to be - Das Düsseldorfer Kulturkonzept. Anregungen einer Generation für sich selbst, Bonn

Keuchel, Susanne/Wiesand, Andreas Johannes (2008): Das Kulturbarometer 50+. „Zwischen Bach und Blues...", Bonn: ARCult Media

Klein, Armin (2011a): Kultur-Marketing, 3. Aufl. München: DTV Beck

Klein, Armin (2011b): Der exzellente Kulturbetrieb, 3. Aufl. Wiesbaden: VS Verlag

Klein, Armin (2008): Besucherbindung im Kulturbetrieb. Ein Handbuch, 2. Aufl. Wiesbaden: VS Verlag

Klein, Armin (2009): Leadership im Kulturbetrieb, Schriftenreihe Kulturmanagement und Kulturpolitik, Wiesbaden: VS Verlag

Klein, Armin (Hrsg.) (2007): Starke Marken im Kulturbetrieb, Baden-Baden: Nomos

Kleinaltenkamp, Michael/Plinke, Wulff (2002): Strategisches Business-to-Business Marketing, Berlin/Heidelberg/New York: Springer

Koch, Anne (2002): Museumsmarketing. Ziele – Strategien – Maßnahmen, Bielefeld: Transcript

Köhler, Richard (2006): Marketingcontrolling: Konzepte und Methoden, in: Reinecke, Sven/Tomczak, Torsten (Hrsg.): Handbuch Marketingcontrolling, 2. Aufl., Wiesbaden: Gabler, S. 357-386

Kölner Philharmonie (2012): Abonnements, verfügbar unter: http://www.koelnerphilharmonie.de/abonnements/ (Stand Juni 2012)

Koppelmann, Udo (2000): Beschaffungsmarketing, Berlin: Springer

Kulturpolitische Mitteilungen (2012): Bilderklärung per Goggles, in: Kulturpolitische Mitteilungen, Nr. 134, III/2011, S. 83.

Kunstklub (2012): Kunstklub, verfügbar unter: http://www.kunstklub-stuttgart.de/kunstklub (Stand Juni 2012)

Krause, Tim (2011): Mit QR-Code-Payment und dem mobilen Ticket an der Warteschlange vorbei, verfügbar unter: http://www.presseportal.de/pm/58505/2155236/mit-qr-code-payment-und-dem-mobilen-ticket-an-der-warteschlange-vorbei (Stand Juni 2012)

Laukner, Tanja (2008): Besucherbindung im Museumsmanagement – Die Bindungs-"Klebstoffe" bei Kunstmuseen, Marburg: Tectum (zugleich Dissertation Düsseldorf 2008)

Levinson, Jay C. (1984): Guerilla Marketing, Boston: Houghton Mifflin

Lissek-Schütz, Ellen (1998): Die Kunst des Werbens um Gunst und Geld. Fundraising als Marketingstrategie auch für Kulturinstitutionen, in: Bendixen, Peter (Hrsg.): Handbuch Kultur-Management, Berlin: Raabe, D 4.2, S. 1-28.

Lissek-Schütz, Ellen (1999): Kulturfinanzierung in privater Hand – das Beispiel USA, in: Heinze, Thomas (Hrsg.): Kulturfinanzierung. Sponsoring – Fundraising – Public Private Partnership, Münster: LIT, S. 217-243.
Mandel, Birgit (Hrsg.): Kulturvermittlung zwischen kultureller Bildung und Kulturmarketing, Bielefeld: Transcript
Meerman Scott, D. (2010): The New Rules of Marketing and PR: How to Use Social Media, Blogs, News Releases, Online Video, and Viral Marketing to Reach Buyers Directly, 2. Aufl., San Francisco: John Wiley and Sons.
Meffert, Heribert/Bruhn, Manfred (2009): Dienstleistungsmarketing, 6. Aufl., Wiesbaden: Gabler
Meffert, Heribert/Burmann, Christoph/Kirchgeorg, Manfred (2008): Marketing. Grundlagen marktorientierter Unternehmensführung, 10. Aufl., Wiesbaden: Gabler
Meffert, Heribert/Burmann, Christoph/Kirchgeorg, Manfred (2012): Marketing. Grundlagen marktorientierter Unternehmensführung, 11. Aufl., Wiesbaden: Gabler
Miller, R./Lammas, N. (2010): Social media and its implications for viral marketing, in: Asia Pacific Public Relations Journal, Jg. 1, Nr. 1, S. 1-9
Müller, Uta (2008): Informationsverhalten beim Kauf von Unterhaltungsdienstleistungen, Marburg: Tectum (zugleich Dissertation Düsseldorf 2008)
Müller-Hagedorn, Lother/Feld, Christa (2000): Kulturmanagement Kulturmarketing, FernUniversität Hagen - Gesamthochschule in Hagen
Museumsquartier Wien (2012): MQ Kombitickets, verfügbar unter: http://www.mqw.at/?page_id=228&lang=1 (Stand Juli 2012)
Museum Kunst Palast (MKP) (2012): El Greco und die Modern + Du, verfügbar unter: http://www.smkp.de/ausstellungen/ausblick/el-greco/bildpaten.html (Stand Juni 2012)
NRW-Forum Düsseldorf (2012): NRW-Forum to go! Verfügbar unter: http://www.nrw-forum.de/iphone_app (Stand Juni 2012).
Oechsler, Walter A. (2011): Personal und Arbeit. Grundlagen des Human Resource Management und der Arbeitgeber-Arbeitnehmer-Beziehungen, 9. Aufl., München: Oldenbourg
Paul Getty Museum (2012): Make a Connection with Art, verfügbar unter: http://mobile.getty.edu/gettygoggles/ (Stand Juni 2012)
Pechtl, Hans (2005): Preispolitik, Stuttgart: UTB
Pöllmann, Lorenz (2011): Einsatz von Social Media von öffentlich-rechtlichen Theatern in Deutschland, Europa-Universität Viadrina Frankfurt (Oder), Professur für Kulturmanagement, unveröffentlichtes Arbeitspapier
Priemer, Verena (2003): Preisbündelung, in: Diller, Hermann/Herrmann, Andreas: Handbuch Preispolitik, Wiesbaden: Gabler, S. 503-519.
Prokop, Josephine (2008): Corporate Design für Museumsmarken: Mehr Wirksamkeit durch mehr Aufmerksamkeit, in: John, Hartmut/Günter, Bernd (Hrsg.): Das Museum als Marke – Branding als strategisches Managementinstrument für Museen, Bielefeld: Transcript, S. 83-114
Reichart, Paul (2006a): Professionelles Database-Management als Voraussetzung für effizientes Direktmarketing in Theaterbetrieben, in: Theater Management aktuell 10. Nr. 38

Literaturverzeichnis

Reichart, Paul (2006b): Von der Zielgruppe zur Zielperson – Strategien und operative Maßnahmen im Database-Management und Direktmarketing für Theater- und Konzertbetriebe, in: Hausmann, Andrea/Helm, Sabrina (Hrsg.): Kundenorientierung im Kulturbetrieb. Grundlagen – Innovative Konzepte – Praktische Umsetzung, Wiesbaden: VS Verlag, S. 109-128

Reichmann, Thomas (2006): Controlling mit Kennzahlen und Management-Tools. Die systemgestützte Controlling-Konzeption, 7. Aufl., München: Vahlen

Rentschler, Ruth/Hede, Anne-Marie (2007): Museum Marketing, Oxford: Elsevier

Rohde, Thomas (2007): Museumsmarke & Markenpersönlichkeit. Die Konzeption der besucherorientierten Markenpersönlichkeit von Kunstmuseen, Marburg: Tectum

Scheff Bernstein, Joanne (2007): Arts Marketing Insights. The Dynamics of Building and Retaining Performing Arts Audiences, Hoboken: Jossey Bass

Scherz-Schade, Sven (2008): Das Profil im Programm, in: Das Orchester, Heft 12, S. 21-22

Schipper, Sebastian (2007): Customer-Relationship-Management in Theaterbetrieben. Eine expertengestützte Untersuchung, Saarbrücken: VDM Verlag Dr. Müller

Schmidt-Hurtienne, Birgit (2011): dacapo erreicht Fine: Die Duisburger Philharmoniker stellen ihren Blog ein, verfügbar unter: http://www.kulturwirtschaftswege.de/blog/index.php/dacapo-erreicht-fine-die-duisburger-philharmoniker-stellen-ihr-blog-ein/ (Stand Juni 2012)

Schneider, Jürg/Minnig, Christoph/Freiburghaus, Markus (2007): Strategische Führung von Nonprofit-Organisationen, Stuttgart: UTB

Schneidewind, Petra (2006): Betriebswirtschaft für das Kulturmanagement, Bielefeld: Transcript

Schulte im Walde, Christoph (2012): dacapo al fine, in: Das Orchester, Heft 1, S. 26-27

Schulte im Walde, Christoph (2009): Twittern – zwitschern, in: Das Orchester, Heft 4, S. 40

Skoda (2012): Der Schlüssel zur Kultur, verfügbar unter: http://www.skoda-kultur.de/index.php?e=185 (Stand Junie 2012)

Statistisches Bundesamt (2006): Bericht zur 11. koordinierten Bevölkerungsberechnung. Annahmen und Ergebnisse, Wiesbaden: Statistisches Bundesamt

Stauss, Bernd/Seidel, Wolfgang (2007): Beschwerdemanagement, 4. Aufl., München: Hanser

Steinmann, Horst/Schreyögg, Georg (2005): Management – Grundlagen der Unternehmensführung, 6. Aufl., Wiesbaden: Gabler

Stiftung Klassik Weimar (SKW) (2008): Organigramm der Klassik Stiftung Weimar, verfügbar unter: http://www.klassik-stiftung.de/fileadmin/downloads/presse/08_08_27_Organigramm.pdf (Abfrage am 28. April 2009)

Staatsoperette Dresden (2008): Operette im Zentrum. Studie im Auftrag der Staatsoperette Dresden zu Potenzialanalyse und wirtschaftlichen Auswirkungen. Dresden.

Stiftung Deutsches Historisches Museum (SDHM) (2012): Social Media Manager, verfügbar unter http://www.museumsbund.de/de/aktuelles/jobboerse/stelle/social-media-manager-mw/ (Stand Juni 2012)

Thommen, Jean-Paul/Achleitner, Ann-Kristin (2009): Allgemeine Betriebswirtschaftslehre. Umfassende Einführung aus managementorientierter Sicht, 6. Aufl. Wiesbaden: Gabler
Throsby, C.D./Withers, Glenn A. (1979): The Economics of the Performing Arts, London: Arnold
Twitter (2012): What is Twitter? Verfügbar unter: https://business.twitter.com/de/basics/what-is-twitter/ (Stand Mai 2012)
Visitatio (2012): Rangliste twitternder Museen April 2012, verfügbar unter http://www.visitatio.de/Twitter/Rangliste-twitternder-Museen-April-2012.html (Stand Juni 2012)
Weinberg, Tamara (2010): Social Media Marketing. Strategien für Twitter, Facebook & Co, Köln: O'Reilly
Wilson, Jerry R. (1991): Mund-zu-Mund-Marketing, Landsberg am Lech: Verlag Moderne Industrie
Wikipedia (2012): Liste der öffentlich getragenen Repertoiretheater Deutschlands, verfügbar unter: http://de.wikipedia.org/wiki/Liste_der_%C3%B6ffentlich_getragenen_Repertoiretheater_Deutschlands (Stand Juni 2012)
Witt, Martin (2000): Kunstsponsoring. Gestaltungsdimensionen, Wirkungsweise und Wirkungsmessungen, Berlin: Erich Schmidt
YouTube (2012): Statistik, verfügbar unter: http://www.youtube.com/t/press_statistics (Stand Mai 2012)

Weitere Internetquellen

www.berliner-philharmoniker.de
www.crossart-route-moderne-kunst.com
www.documenta.de
www.elbphilharmonie.de
www.koelner-philharmonie.de
www.kulturstiftung-des-bundes.de
www.mqw.at
www.neue-nationalgalerie.de
www.schauspielfrankfurt.de
www.stuttgarter-galerieverein.de

Die aktuelle Einführung in die zentralen Theorien

> ausgezeichnet mit dem René-König-Lehrbuchpreis der DGS

Nicole Burzan
Soziale Ungleichheit
Eine Einführung in die zentralen Theorien
4. Aufl. 2011. 203 S.
(Studientexte zur Soziologie)
Br. EUR 19,95
ISBN 978-3-531-17534-8

Der Inhalt:
Die Entstehung der Klassen- und Schichtmodelle - Klassen und Schichten in der Diskussion - Modifizierte Klassen- und Schichtmodelle - Lebensstile und Milieus - Klassen und Lebensstile in einem Modell: Der soziale Raum bei Pierre Bourdieu - Soziale Lagen - Individualisierung: Entstrukturierung sozialer Ungleichheit? - Zum Wandel sozialer Ungleichheiten

Was bedeutet „soziale Ungleichheit", wie wird dieses durchaus wandelbare Konstrukt von verschiedenen Ansätzen und in verschiedenen Jahrzehnten theoretisch konzeptioniert? Welche Vorstellungen über das - insbesondere deutsche - Ungleichheitsgefüge (z.B. Zwiebel oder Haus) kennzeichnen die Perspektiven, und auf welche Ursachen führen sie die ungleichen Lebenschancen zurück?

Zur Beantwortung dieser und weiterer Fragen gibt dieses Buch einen Überblick über theoretische Ansätze. Im ersten Teil geht es um die Diskussion über Klassen und Schichten von Marx bis etwa in die 1970er Jahre. Seitdem differenziert sich nicht nur das Ungleichheitsgefüge, auch die soziologischen Ansätze reagieren auf sozialen Wandel mit einer Ausdifferenzierung. Neben Klassen- und Schichtmodellen gibt es z.B. Lage-, Lebensstil- und Milieuansätze, aber auch die Thematisierung von Entstrukturierungen, etwa in der Individualisierungsthese. Diese neueren Richtungen werden im zweiten Teil vorgestellt und kritisch diskutiert.

Erhältlich im Buchhandel oder beim Verlag.
Änderungen vorbehalten. Stand: Juli 2011.

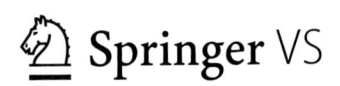

Einfach bestellen:
SpringerDE-service@springer.com
tel +49(0)6221 / 3 45 – 4301
springer-vs.de

Springer VS

MIX
Papier aus verantwortungsvollen Quellen
Paper from responsible sources
FSC® C105338

Printed by Books on Demand, Germany